中国古代货币法二十讲

石俊志 著

作者简介

石俊志

师从吴念鲁先生在清华大学五道口金融学院攻读国际金融专业，获经济学博士学位；师从赵中孚先生在中国人民大学法学院攻读民商法学专业，获法学博士学位；师从何兹全先生在北京师范大学历史学院攻读中国古代社会史专业，获史学博士学位。

主要研究方向为中国货币法制史。

现任中国社会科学院金融研究所研究员、法学研究所特聘研究员，中国基本建设优化研究会副会长，中国西部研究与发展促进会副会长，北京法学会民商法学研究会常务理事，《外国信托法经典译丛》编委会主任委员，《外国货币史译丛》编委会主任委员，华南理工大学货币法制史研究中心主任、教授、博士生导师。

目　录

前　言

中国古代特别强调重农轻商。

刘邦打败项羽，天下平定，就下令不许商人穿丝织的衣服，不许商人乘车，增加商税以打击羞辱商贾。从此，重农轻商便成为中国古代各王朝不变的国策。

但是，无论如何轻视商业，无论怎样打击商贾，中国古代经济在古代世界中，却长期处于巅峰地位。特别是在秦汉唐宋的一千多年里，以天下为己任的中国人，在世界上似乎找不到竞争对手。俯视天下，东夷西戎、南蛮北狄，还有那些海外岛屿上蛰居的各色土著，经济及文化皆处于极度落后的状况，这使中国不能不以天朝自居，并由衷地产生出“一览众山小”的诗人豪情。

为什么如此糟糕的商业政策可以产生出世界顶级的经济繁荣？这是一个很值得研究的问题。

比较中外各国,中国古代拥有两个优势:一是影响了整个民族行为准则的儒家思想,使古人严格践行诚信礼让的精神;二是千年不变的货币基本制度,有效地支持了中国古代经济的持续发展。

诚信和制度,是商品经济不可或缺的根本因素。与古代外国相比较,古代中国在这两个方面占据了优势,所以经济就达到了超越世界各国的领先地位。

然而,经济繁荣和物质丰富引起周边落后民族的垂涎,在契丹人、女真人、蒙古人的相继攻伐下,宋朝这一场波澜壮阔的大剧,终于在君臣百姓十万余人蹈海殉国的惨烈定格前,徐徐落幕。

元明清三朝发生了什么变化,究竟是什么原因使中国古代经济从世界巅峰逐步跌入谷底,以至清朝晚期便达到濒临亡国灭种的边缘,则更是值得我们认真总结的事情。分析起来,元明清三朝的货币制度变化,是造成中国古代商品经济逐步落后于世界各国的重要原因之一。

为了深入了解中国古代货币制度的形成、发展、作用和变化,对中国古代经济做更加深入的研究剖析,我从中国古代货币成文法、皇帝诏书、史家记载、文献典籍中找出一些相关史料,结合出土文物，进行考证、分析和解释，逐条以《中国古代货币法史料释义》的形式在《当代金融家》杂志上连载发表。

目前，这些连载的文章汇总起来也有二十篇之多，总撰起来，名曰《中国古代货币法二十讲》，奉献读者，算是抛砖引玉，提供各位参考。

第一讲　百姓市用钱，美恶杂之，勿敢异

百姓市用钱，美恶杂之，勿敢异。

百姓使用钱币交易商品时，无论钱币质量好坏，要混在一起使用，不准对好坏钱币进行选择。

秦金布律

这条史料来自战国时期秦国的《金布律》。

1975 年，考古人员在湖北云梦睡虎地秦墓中发现秦律竹简，其中载有《金布律》十五条。第一条全文如下：

> 官府受钱者,千钱一畚,以丞、令印印。不盈千者,亦封印之。钱善不善,杂实之。出钱,献封丞、令,乃发用之。百姓市用钱,美恶杂之,勿敢异。

官府收入钱币,以 1000 枚铜钱装在一个编织袋里,用丞、令官员的官印封缄。钱数不满 1000 枚的,也应该封缄。钱币质量好的和不好的,应该装在一起。付出钱时,要把印封呈献丞、令验视,然后启封使用。百姓在交易商品使用钱币时,无论钱币质量好坏,要混在一起通用,不准对好坏钱币进行选择。

这条法令所针对的钱币是战国时期秦国铸行的半两钱。

战国中期,秦惠文王二年(公元前 336 年),秦国开始由国家统一铸行半两钱。根据秦国的度量衡制度,1 两折合 24 铢,半两便是 12 铢。半两钱正面铸铭“半两”2 字,法定重量 12 铢。近代考古发现,秦惠文王二年铸造的半两钱重量确实达到 12 铢。此后不到 30 年的光景,半两钱的重量就出现了明显的降低。到了秦王政二十六年(公元前 221 年),秦始皇武力统一天下的时候,半两钱的重量已经降至 8 铢左右。

从秦惠文王二年至秦王政二十六年的 100 多年里,秦国颁布施行了《金布律》,通过立法对半两钱的流通进行规范。秦国颁布

《金布律》的时候,半两钱的重量已经出现大幅度的降低,轻重大小不同的半两钱在秦国市场上混合流通。所以,《金布律》规定轻重大小不同的半两钱要混在一起通用。百姓交易商品使用半两钱时,对于轻重大小不同的半两钱,必须按照同等价值予以接受,不得在其中有所选择。

秦半两钱

战国时期,黄河中游地区魏国等先进国家流通青铜布币,东部沿海地区齐国等后进国家流通青铜刀币,西方秦国属于贫穷落后国家则流通青铜圜钱。到了战国后期,秦国圜钱的形状已经从圆形圆孔演化为圆形方孔,并成为秦国国家统一铸造发行的半两钱。

秦始皇武力统一天下,废黜了各国流通的各种铜钱,将战国时期秦国铸行的铜钱“半两钱”作为法定货币推广到天下各地使用。从此,圆形方孔的铜钱成为中国古代社会最核心的价值尺度和流通手段。历经了各代王朝的风云变幻,盛衰兴替,圆形方孔铜钱的形态却长期保持不变。一直延续至清朝灭亡,帝制被推翻之后,圆形方孔铜钱才最终退出历史舞台。可以说,圆形方孔铜钱的流通,贯穿中国古代皇帝专制历史的始终。

战国时期秦国流通的半两钱以及秦始皇统一天下后使用的半两钱,被后世称为“秦半两”。《金布律》以法律形式规定“秦半两”的流通规则,是我国现存最早的货币立法。

秦始皇将半两钱推广至全国使用,使之成为全国统一流通的法定货币。15 年后,秦朝灭亡,刘邦建立了汉朝,依旧使用半两钱。这时候的半两钱,重量已经降至 2 铢左右,后世称其为榆荚钱。刘邦的儿子刘恒即皇帝位,是为汉文帝。汉文帝与民休息,开创了文景盛世,商品生产和商品交换得以高速发展。这时候,天下依旧流通半两钱。

美恶杂之

战国中、后期的秦国,是严刑峻法的国家。

因此,在现代人的概念里,当时秦国的半两钱应当是足值、规范的。

然而,事实恰好相反。根据近代考古证明,当时秦国的半两钱轻重无常,极不规范。

1962 年冬天,长安县韦曲乡首帕张堡村的一个农民在掘土时发现了一个窖藏。窖藏中有一只陶釜保存完整,内藏铜钱1000 枚,经考证为战国时期秦国的钱币。这批铜钱总重 4484 克,平均每枚重量为 4.484 克(6.805 铢)。其中多数铜钱重量 4 ~ 5 克(6.1 ~ 7.6 铢),最轻的铜钱 1.7 克(2.6 铢),最重的铜钱 11.0 克(16.7 铢),轻重差距达到 6.4 倍。这情形与云梦睡虎地秦墓出土《金布律》的规定正相吻合。陶釜中的铜钱恰好是千钱一畚,应当是交付官府封存的,并且恰好呈现大、小钱混在一起的情形。

此外,近代发掘战国时期秦墓甚多,有多批半两钱出土。笔者非常惊奇地发现,从战国秦墓中出土的半两钱,竟然没有一批呈现轻重大小相似的情况。每一座战国秦墓出土的半两钱,都呈现轻重大小差距悬殊的特点。各批出土半两钱中,大、小钱的差距,多在 3 ~ 6 倍之间。

针对这种现象,有学者提出秦半两大、小钱之谜,并怀疑秦国是否实行过大、小钱并行的制度。根据对出土秦半两的考证,其中并没有两种或几种相似的钱币可以分类。由此可以推定,战国时期秦国实行的半两钱制度是单一铜钱制度,而不是大、小钱并行制度。在这种制度下,铜钱大小轻重不等,美恶混杂,等价流通。这些美恶混杂的半两钱能够按照同等价值流通的主要保障,就是秦国的严刑峻法。秦国在不同时期铸造了多批铜钱,各批铜钱的轻重大小标准不同。秦国的法律强制百姓接受国家铸造的各种不同规范的铜钱,由此造成市场流通中的半两钱美恶混杂的现象。

信用货币

信用货币并不产生于市场运行中的价值规律,而是产生于国家政权下的法律强制。

半两钱是中国古代首次实现全国统一流通的钱币形态。早在被推广至全国流通之前,半两钱已经被秦国的法律规定为法定货币,其根据法律强制进入流通,而不是根据金属价值行使流通手段的职能。

中国古代的货币可以分为两种:一种是法定货币;另一种是非法定货币。中国古代的法定货币又可以分为两类:一类是信用货币;另一类是非信用货币。

信用货币依靠发行者的信用行使货币职能,在交易使用时无须称量,按照其面文所写的名义价值使用,所以也可称为非称量货币。中国古代的纸币和铜钱都是非称量货币,或者说都是信用货币。

非信用货币依靠其本身的金属价值行使货币职能,在交易使用时须称量,按照其所含的金属价值使用,所以也可称为称量货币。中国古代的黄金和白银都是称量货币,或者说都是非信用货币。

中国古代信用货币的发行者是历代朝廷,他们具有将货币进一步信用化的冲动,力图使用更少的成本,创造更多的货币。信用货币进入市场之后,在价值规律的影响下,出现了回归本身价值的倾向。这种倾向受到法律强制的约束,回归乏力。法律越强大,货币回归本身价值的力量就越薄弱;法律越虚弱,货币回归本身价值的力量就越显著。

战国时期的秦国,法律强大而残酷,法律规定百姓必须接受国家铸造的轻小钱币。所以,当时秦国铸造的半两钱越铸越小,出现了大小钱混合流通的局面。

百姓市用钱,美恶杂之,勿敢异。

《金布律》中这条法令的实施,正是造成秦半两大、小钱混合流通的根本原因。

第二讲　布恶,其广袤不如式者,不行

布恶,其广袤不如式者,不行。

“布”的质量不好,长宽不符合法定标准的,不得作为货币流通。

秦国布币

这条史料来自战国时期秦国的《金布律》。

1975 年,考古人员在湖北云梦睡虎地秦墓中发现秦律竹简,其中载有《金布律》十五条。第二条全文如下:

布袤八尺,福广二尺五寸。布恶,其广袤不如式者,不行。

作为货币的“布”,法定长度8尺,幅宽2尺5寸。“布”的质量不好,长宽不符合法定标准的,不得作为货币流通。

说起战国时期的布币,许多人会想到魏国的青铜布币,就是那种像个小铲子似的青铜片儿。然而,秦国《金布律》中所说的布币,并不是魏国的青铜布币,而是秦国一种麻织的“布”。这种麻织的“布”曾经作为货币在秦国及其军事占领区大量流通,支持秦国的对外侵略战争,并使秦国最终统一天下。然而,这种麻织的“布”不能持久保存,很快就腐朽了。所以,现代人没有见过它,只有在出土秦律竹简的记载中,让人们了解它曾经的辉煌。

麻织品的历史比青铜器更为久远。商代甲骨文中就已经有了“麻”这个字,说明当时人们生活中已经开始生产并使用麻织品。

“布”这个字的本义是什么呢?

《说文解字·巾部》曰:“布:枲织也。”枲是大麻的雄株。所以说,“布”这个字的本义就是指麻织品。

除了麻,葛也可以织布。葛是一种藤本植物,茎皮纤维可以织成葛布。

春秋战国时期,麻布和葛布是平民的主要衣料,所以平民又称

“布衣”。

贵族们使用丝织品作为衣料。丝织品的历史也比青铜器更为久远。商代甲骨文中就已经有了“丝”“桑”“蚕”等字。当时的百姓,植桑养蚕,待其吐丝成茧,经过人为加工,缫丝织造成丝帛。

但是,秦国的法定货币是“布”,而不是“帛”。这说明,当时秦国的平民,还是以“布”作为主要的衣料。到了唐朝,“布”早已不是货币,替代“布”作为货币的是“帛”。《唐六典·太府寺》说:“金银之属谓之宝,钱帛之属谓之货。”意思是说,黄金和白银作为宝藏,行使储藏手段功能;铜钱和丝帛作为货币,行使流通手段职能。

麻织成的麻布十分粗糙,穿在身上很不舒服。所以,汉朝以后,麻布作为衣料的功能逐步被丝织品、后来又被棉织品替代,最终退出了衣料的领域。后世人们只是在父母长辈去世的时候,穿上麻布或象征麻布的衣服,以示不忘先辈们创业的艰辛,不忘父母长辈的养育之恩。

形制价值

秦国的“布”作为货币具有法定的标准形制：“布袤八尺，福广二尺五寸。”

战国中、晚期，秦国的1尺相当于现代23.1厘米；8尺相当于现代184.8厘米；2尺5寸相当于现代57.75厘米。184.8厘米×57.75厘米=10672.2平方厘米。所以，秦国货币“布”的法定标准单位面积相当于现代的10,672.2平方厘米，即1.06722平方米。

这是一块长方形的、面积相当于现代大约1平方米的麻布。

长宽尺寸符合法定标准，质量合格，这块“布”在秦国便是法定货币，可以作为流通手段，在市场上进行商品交易，或者向官府缴纳税赋。如果“布”的质量达不到要求，长宽尺寸不符合法定标准，便不能作为货币流通。

除了法定标准形制，“布”还具有法定的单位价值。“布”的法定单位价值是用铜钱来表示的。

《金布律》第三条全文如下：

钱十一当一布。其出入钱以当金、布,以律。

11 枚半两钱折合 1 个单位的“布”。如果用半两钱来折合黄金或“布”进行收支,其折算比率应当按照法律的规定。

11 枚半两钱折合 1 个单位“布”的法定比率,可能被使用了许多年,以至于当时人们经常使用 11 的倍数对商品标价。

《金布律》第十五条上半段文字如下:

稟衣者,隶臣、府隶之毋(无)妻者及城旦,冬人百一十钱,夏五十五钱;其小者冬七十七钱,夏卌四钱。舂冬人五十五钱,夏卌四钱;其小者冬卌四钱,夏卅三钱。

领取衣服的人,隶臣、府隶中没有妻子的以及修城墙的罪人,冬季每人按一百一十枚半两钱的标准给衣,夏季五十五枚半两钱,其中未成年者,冬季七十七枚半两钱,夏季四十四枚半两钱。舂米的女罪人,冬季五十五枚半两钱,夏季四十四枚半两钱,其中未成年者,冬季四十四枚半两钱,夏季三十三枚半两钱。

上述法条对于衣服采用半两钱计价。半两钱的数量都是 11 的倍数。这说明,当时人们已经习惯以“布”作为货币单位对商品计价。以多少个单位的“布”对商品计价,折算成半两钱,半两钱的价格数量就成了11的倍数。

节铜备战

战国中晚期,七雄混战的局面愈演愈烈,中原大地战火熊熊。由于战争的影响,社会贫困已经成为各国的普遍现象,富国强兵便成为各国的共同理想。各国朝廷都拼命地搜刮民财,实现富国。百姓失去了财富,被迫当兵吃饷,造成士兵数量大增。于是,各国都实现了富国强兵的目标。但是,这似乎还是不够。

军队的数量多了,要吃饭,还要军械装备。

这些装备需用许多铜材。

商周时期是青铜时代。青铜主要用来制造生产工具、生活用品、各种器皿、饰物、镜梳,还用来制造军械装备,譬如战士的铠甲、头顶的兜鍪、行军携带的茧形壶、作战使用的箭镞、兵器等。

然而,青铜还有一个更重要的用途,就是制造铜钱。

战争需要铜材,更需要钱。

没有钱,怎么打仗?各国需要金融创新,需要纸币。不幸的是,纸在当时还没有被发明出来。

秦王率先将目光投放在平民身着的麻布上。秦王朝命令百姓织布造币,解决货币不足的问题,并将铜材替换出来,用来装备军队。百姓制造货币,货币制度岂不大乱?不怕,秦国盛产严刑峻法。只有秦国,拥有超级严酷的刑法,可以让百姓规规矩矩地制造货币、使用货币。

于是,大量的布币涌入市场。秦王朝进一步用法律支持布币的流通。

《金布律》第四条全文如下:

贾市居列者及官府之吏,毋敢择行钱、布;择行钱、布者,列伍长弗告,吏循之不谨,皆有罪。

市肆中的商贾和官家府库的吏,都不准对半两钱和布币两种货币有所选择;有选择使用者,列伍长不告发,吏检查不严格,都有罪。

这条法令,保障了布币的法定货币地位和市场流通能力。然而,铜钱是朝廷制造的,无论其轻重大小,百姓均不得拒绝接受;布币却是百姓制造的,必须符合法定标准,否则不得作为货币进入流通。

布恶，其广袤不如式者，不行。

这就是本文所述法条的意义所在。

秦国依靠百姓织造布币，解决了铜材不足的问题，扩大了本国的货币流通总量。秦国依靠严刑峻法，保障了布币的价值稳定和市场流通，使其发挥了商品交换媒介的功能，有效地促进了商品生产和商品交换的发展。

秦国用布币将铜钱从市场交易中替代出来，再用铜钱从境外购买马匹、军械和战士，或者将铜钱销熔取材，制造军械装备，扩充了军事力量，将邻界国家一个又一个地吞并。

秦国吞并了邻界国家，抢回来铜钱，再度扩军作战，继续战斗，最后终于统一天下，建立了皇帝专制的国家制度。

第三讲　百姓有责，勿敢擅强质

“百姓有责，勿敢擅强质，擅强质及和受质者，皆赀二甲。”廷行事强质人者论，鼠者不论；和受质者，鼠者论。[1]

“百姓间有债务，不准擅自强行索取人质，擅自强行索取人质者以及同意质押人质者，都要罚缴两副铠甲。”根据成例，向他人强行索取人质者应论罪，给予人质者不论罪；同意给予人质者也要论罪。

这条史料出自《睡虎地秦墓竹简·法律问答》。从文中可以看出，秦律明文禁止追索债款时强行索取人质。律文中“责”是指债务，“质”是指质押，“鼠”是指给予。

---

〔1〕 睡虎地秦墓竹简整理小组：《睡虎地秦墓竹简·法律问答》，文物出版社1977年版，第214页。

处罚双方

秦律禁止百姓因债的关系而私自强索人质。为了打击这种行为,法律规定对发生这种行为的债权债务双方都要给予处罚。

"百姓有责"是说民间借贷已经发生。"勿敢擅强质"是不准许百姓自行强制索取人质。《法律问答》还进一步明确,如果发生这种情况,强索人质和同意质押人质的双方都要论罪,处罚是罚缴两副铠甲。立法处罚强索人质的债权人,我们是可以理解的。这里存在的问题是:为什么被质押的一方也要受到处罚?原因是被质押的一方因同意此事而违反了法令。"和受质者"是指接受或同意以人为质的债务人。如果债务人不同意以人为质,他就不是"和受质者",而是"受质者"。那么,债务人有无力量不同意受质?逻辑地分析起来,这里可能有两种情况:一种是债务人为了借到钱或物,事先与债权人约定以人为质,因此违反了法令;另一种是事先并无约定,只是在债务到期时因无力偿还,所以债务人同意以人为质。从上文的字面来看,"百姓有责,勿敢擅强质",应当是出现了第二种情况。在这种情形下,债务人可以不同意以人为质。所以,此文的后段说，"廷行事强质人者论，鼠者不论"。即根据成例，强行索取人质者要论罪，给予人质者不论罪。然而，此时债务人也有可能同意质押人质。于是，立法为了提高法令实施的有效性，对同意以人为质的债务人，也与主动行使违反法令行为的债权人一样，实施等量的处罚打击。在这里，人质和"和受质者"应当并不是同一主体。人质可能是债务人的奴婢或亲属。所以，此条法令的立法意图是保护那些无辜的最弱者。"和受质者"应当还有些财产。否则，"赀二甲"的处罚规定就因不具备可操作性而全无意义了。

法律强制

秦律禁止百姓因债的关系而私自强索人质，是针对属于债务人一方的最弱者的保护。但是，秦律更加强调借债还钱，债务必须履行。关于债的追偿，秦律明文规定应采取严厉的法律强制措施。

秦律首先要保护的是公家的利益。百姓欠公家的钱财而"有责于公"，是必须要偿还的。如果债务人尚未偿还就去世了，主管官员要代为偿还。秦律《金布律》第九条规定：

百姓叚公器及有责未赏,其日踐以收责之,而弗收责,其人死亡;及隶臣妾有亡公器、畜生者,以其日月减其衣食,毋过三分取一,其所亡众,计之,终岁衣食不踐以稍赏,令居之,其弗令居之,其人亡,令其官啬夫及吏主者代赏之。[1]

百姓借用官府器物或欠债未还,时间足够收回而未收回,该债务人死亡的,令该官府啬夫和主管其事的吏代为赔偿。隶臣妾有丢失官府器物或牲畜的,应从丢失之日起按月扣除隶臣妾的衣食,但不能超过衣食的三分之一。若丢失的过多,算起来隶臣妾整年衣食都不够全部赔偿,应令隶臣妾劳役抵债,如果不令隶臣妾劳役抵债,该人死亡的,令该官府啬夫和主管其事的吏代为赔偿。

法条中所讲的“居”,是指以劳役抵偿;“啬夫”是指乡级行政区负责税赋和司法的官员。

秦律要求百姓必须履行各种繁重的义务,若不履行义务则会受到法律制裁。这种制裁是由行政机关直接施予的,可称行政强制。即在义务人不肯履行法定义务的情况下,行政机关对其直接执行行政强制。隶臣妾丢了公物或牲畜,必须赔偿,可以直接从其

〔1〕 睡虎地秦墓竹简整理小组:《睡虎地秦墓竹简·金布律》,文物出版社1977年版,第60页。

衣食供应中扣除相当的份额;赔偿额过大,则应强制其服劳役抵偿损失。前者是对隶臣妾所支配的财务直接采取的行政强制,后者是对其人身所采取的行政强制。然而,秦律往往把对一般义务人执行行政强制与对罪犯执行依法判决的刑罚等同对待。秦律《司空律》规定:

有罪以赀赎及有责于公,以其令日问之,其弗能入及赏,以令日居之,日居八钱。[1]

有罪应赀赎以及欠官府债务的,应依判决规定的日期加以讯问。若无力交纳赔偿,即自规定日期起,使之以劳役抵偿债务,每劳役一天抵偿八枚半两钱。

"有罪以赀赎"者,是指经过法律程序判决的犯人,应对其执行刑事强制;"有责于公"者,是指没有能够履行行政法规定的纳税义务,因此欠了官府的债,应对其执行行政强制。然而,秦律将两者混在一起,交给司空来执行,是把行政强制变成了刑事强制。

由此可以看出,秦律对于债务违约所采取的法律强制是十分

〔1〕 睡虎地秦墓竹简整理小组:《睡虎地秦墓竹简·司空律》,文物出版社1977年版,第84页。

严酷的。

债权保护

秦律规定在借贷中禁止追债以人为质,体现了法律保护借款人权利的立法精神。这说明,秦代法律已经从只对债进行保护,开始转向对借贷双方当事人给予保护。法律对债权的保护程度,在不同的历史时期有着不同的表现,其变化反映了不同历史时期债权人群体与债务人群体的相对社会地位。从历史的发展演变过程来看,法律对债务违约所实施的强制,从执行债务人人身,到执行债务人财产,再到执行债务企业法人财产,体现了市场经济逐步走向成熟的进步过程,也描绘了世界性债权保护强制力量的逐步减弱。

从世界史的角度来看,在古代社会,货币借贷以直接借贷的高利贷为主,一般没有金融中介参与。因此,债权人多是富人,债权人群体属于社会强势群体;债务人多为商人和贫苦民众,属于社会弱势群体。贫困民众的货币借贷需求源于为了获取生活必需品而产生的临时性货币需求。贫困民众的偿债能力具有许多不确定性。因此,贷款回收率较低,风险较大,利率便非常之高。而借款人本身,除劳动能力之外,可供支配的财产十分微薄。为了保护债权,法律维护债务奴隶制度。无力清偿债务的贫苦民众,便沦为奴隶或奴婢,以人身或劳役抵偿债务。到了古罗马后期,货币借贷需求的主体逐步向商人阶层转移。社会上占据主流地位的债务人群体出现由贫苦向富有的转化。债务人有了更多的可供抵债的财产。于是,财产委付制度在古罗马兴起,债务追偿以对物的执行代替了对债务人人身的执行。

秦律规定在民间借贷中禁止以人为质,具有与古罗马后期出现的财产委付制度相似的含义。继承秦律的立法精神,汉律也有保护债务一方的内容。汉律禁止放款人在货币借贷中取息过律,这也是对债务一方的一种法律保护措施。另一方面,从我们现有的文献资料来看,汉律对债权的保护也非常严格,欠债逾期或欠债不还,会受到严厉的惩罚。因此,汉律更加体现法律保护货币借贷双方当事人利益的原则。这种双向保护,无疑为秦、汉初期货币借贷的发展提供了较好的法律条件,有效地促进了货币借贷活动的繁荣和商品经济的发展。

第四讲　黄金以溢名，为上币

黄金以溢名，为上币。

黄金以“溢”为单位名称，属于上品货币。

战国金制

这条史料来自司马迁所著《史记·平准书》。

公元前221年，秦始皇武力统一中国，并统一了中国的货币制度，确定黄金为上品货币，单位名称为“溢”。

“溢”是个重量单位。那么，秦始皇统一中国时，“溢”的重量究竟是多少呢？长期以来，众说纷纭，迄今尚无定论。

为了搞清楚这个问题,让我们先来看一看秦始皇统一中国之前,战国时期各国黄金单位的状况。

战国时期,各国都使用“益”字作为黄金单位的名称,而不是使用“溢”字。“益”是个较大的重量单位,可以分为若干个小单位。比“益”更小的单位,齐国使用“货”,十二货为一益;魏国使用“釿”,十二釿为一益;楚国使用“两”,十六两为一益。

秦国也使用“两”作为“益”下面的小单位。但是,秦国的益可以分为多少两?我们找不到出土实物的证据,而文献记载则是矛盾重重。《战国策》中,黄金单位“金”“益”“斤”都有使用。鲍彪说:“一鎰二十四两。”高诱说:“二十两为一溢也。”更有元刊吴本《战国策》云:“四十四两为一溢也。”

后世所著相关文献中,“益”“溢”“鎰”交替出现,更是多有混淆。

根据对出土战国各国金器铭文以及重量测量进行研究考证,秦国1两相当于现代15.81克。齐国1益相当于现代369.64克,约合秦国24两。魏国1益相当于现代315.83克,约合秦国20两。楚国1益相当于现代251.30克,约合秦国16两。

战国时期,各国都使用益作为黄金单位,但其重量却各自不同,其间存在较大的差异。这种差异似乎存在于不同铜钱的流通区域。以铜钱的流通区域来划分，东部沿海齐国及赵、燕等国属于刀币流通区，1 益黄金的重量约合秦国的 24 两。黄河中游的魏国及韩国属于布币流通区，1 益黄金的重量约合秦国的 20 两。南方楚国属于蚁鼻钱流通区，1 益黄金的重量约合秦国的 16 两。

当时，楚国盛产黄金，使用爰金作为货币。爰金的形制多为一钣多块，每块上印字，好像整版的联张邮票，可以切割使用。彭信威先生指出，楚国金钣由不同的数量组成，“根据实物和土范，一钣金饼的数目并不固定，有时十六方，有时二十方，有时二十四方”。

由此看来，楚国对布币流通区和刀币流通区各国的国际贸易，采用方数不同的金钣进行支付。

《随书·律历上·权衡》云：“梁、陈依古称，齐以古称一斤八两为一斤。开皇以古称三斤为一斤。”南朝崇尚古制，齐高帝萧道成曾为齐公、齐王，最后建立了南齐政权，一直以齐为号。南齐恢复战国时期齐国的度量衡制度是很有可能的。隋朝时所说南齐实行一斤八两为一斤，就是十六两加上八两，正好是二十四两。关于战国时期齐国曾用二十四两为黄金单位，这里也可作为一个佐证。

秦朝金制

黄金以溢名，司马迁所说的“溢”，是秦始皇统一中国货币制度时的黄金单位。这个“溢”的重量究竟是多少呢？

从地理的情形来看，秦国东临韩魏，远离齐国，所以更接近布币流通区，黄金单位以“二十两为一溢”更为和谐通畅。但是，秦国没有采用韩魏的黄金单位，而是采用了齐国的黄金单位：“一溢二十四两。”这个推断有以下四点理由：

第一，张苍修补《九章算数》，例题中透露了相关的历史信息。

张苍是秦朝的官员，在西汉初期做了汉朝的丞相。张苍在西汉初期修补《九章算数》，其中一例题说，1 金为 9800 钱；另一例题则说，金 1 斤为 6250 钱。两题所述黄金价格差距悬殊，后世学者多以为张苍搞错了。仔细看来，“金”和“斤”是两个不同的黄金单位。“金”指的是秦朝的黄金单位“溢”，约合秦国二十四两，“斤”指的是汉朝的黄金单位“斤”，约合秦国 16 两。24 两与 16 两之间的比例是 1∶1.5。《九章算数》中，“一金”与“金一斤”的价格比例：9800 ÷ 6250 = 1.568，大约也是 1∶1.5。所以说，张苍在《九章算数》

例题中所述的黄金价格,“一金”指的是秦朝黄金单位“溢”;“金一斤”指的是汉朝黄金单位“斤”,其中透露的历史信息并无差错。

第二,秦国的度量衡制度源自卫国。

卫国1益相当于现代373.91克,约合秦国24两,此事有出土实物为证。

公元前359年,商鞅在秦国实行变法,统一了秦国的度量衡。秦国是个落后的国家。商鞅出自卫国,熟悉卫国的度量衡情况,所以采用卫国的度量衡制度,将秦国的“益”确定为24两,是顺理成章的事情。

第三,参照了秦国的铢两制度。

秦国的度量衡制度,1两为24铢。采用1益为24两,与1两为24铢的制度恰好和谐一致。

第四,秦朝代周,采用五德水数,以六为纪。

战国时期,騶衍提出五德终始说,认为朝廷的更替是因为前朝德衰,新朝的德可以克胜前朝的德。秦朝和汉朝都相信騶衍的学说。周朝得到火德,享有八百年天下。秦朝代周,是以水灭火,当定水德,改正朔,易服色、法制度、色尚黑,数以六为纪。24这个数正合五德水数,而20两则不合。

既然崇尚水德,秦朝的货币制度中使用的黄金单位“益”字,就被加上三点水,改为“溢”字。

汉朝金制

然而,秦朝只存在了十五年。

公元前206年,秦朝灭亡,楚汉战争爆发。第二年,汉王刘邦“为秦钱重难用,更令民铸钱,一黄金一斤”。

刘邦为什么“更令民铸钱”?原因是刘邦缺钱用。楚汉战争耗费了大量的金钱。刘邦想把一个钱儿掰成两半儿来用。当时流通中的铜钱是秦半两,法定重量为半两,即十二铢。实际上,秦半两早已减重至八铢左右。刘邦将秦半两熔销为铜,再铸造成重量四铢一枚的小钱,就实现了一个钱儿掰成两半儿来使用的目的。

战争需要金钱,还需要人心。刘邦造小钱,造成物价上涨,铜钱贬值,百姓手里的钱财缩水,相当不得人心。怎样才能既得到金钱,又得到人心?刘邦决定拉着百姓一起造小钱,让百姓也跟着一起发财。但是,造小钱也需要有个理由。刘邦马上找到了理由:“秦钱重难用。”秦半两太重了,不好使用。于是,刘邦和百姓一起造小钱,小钱的重量很快就降到二铢左右,后世称其为“榆荚钱”。

这时候，百姓有“万钱一金”的概念。铜钱一下子小下去了，无法维持“万钱一金”的概念。怎么办？让黄金单位也缩水。于是，刘邦下令“一黄金一斤”，让黄金单位从 24 两下降到 16 两，以使其与铜钱减重的幅度相匹配。

同时，刘邦还要打一些政治牌。黄金 16 两为一益的制度，是战国时期楚国的制度。刘邦拥戴楚怀王反对暴秦，在黄金单位制度上恢复楚国制度，具有政治色彩，有利于号召民众。

汉朝取代了秦朝，自然不能继续崇尚水德，“溢”字不方便使用了。于是，汉朝在货币制度上采用“金”字，以应刘氏王朝“劉”字中的“金”字。此后，人们再提起“益”这个黄金单位，便采用“鎰”字。结果，史书中就出现了“益”“溢”“鎰”交替出现、混淆不堪的现象。

然而，黄金 16 两 1 斤的制度却被长期地延续下来，直至辛亥革命，皇帝专制制度被推翻之后，才被 10 两 1 斤的制度所替代。

第五讲　各以其二千石官治所县十月金平贾予钱

各以其二千石官治所县十月金平贾予钱。

分别按照债务人各自所在地二千石官治所县十月份的黄金市场平均价格支付铜钱。

汉律罚金

秦律中，赀罚包括赀金和赀物，赀物的内容主要是赀甲、赀盾，即对违法者罚缴甲、盾。秦国是军事大国，家家都要出丁入伍，参加战斗。所以，甲和盾是人们普遍需要的物品，可以作为等价物用作刑罚的尺度。秦国发行铜钱之后,甲和盾仍旧被用作刑罚的尺度,其原因可能是铜钱的价值并不稳定,甲和盾具有实物保值的作用。到了汉朝,天下和平,甲和盾的需求量大幅度下降,黄金作为等价物被人们广泛接受。因此,在汉律中,赀罚的主要内容就变成了黄金。

张家山汉墓竹简《二年律令》中关于罚金的规定很多,几乎在每篇中都有罚金的律条。在《二年律令》中,《贼律》共42条,其中12条规定罚金;《盗律》共18条,其中3条规定罚金;《具律》共23条,其中3条规定罚金;《襍律》共14条,其中2条规定罚金;《钱律》共8条,其中2条规定罚金;《置吏律》共10条,其中3条规定罚金;《田律》共13条,其中2条规定罚金;《行书律》共8条,其中4条规定罚金;《户律》共22条,其中5条规定罚金;《置后律》共18条,其中2条规定罚金;《兴律》共9条,其中2条规定罚金;《史律》共6条,其中2条规定罚金。

为便于观察,我们将《二年律令·具律》中的罚金律条举例如下:

吏、民有罪当笞,谒罚金一两以当笞者,许之。

官吏或百姓有罪,应当处以笞刑的,要求罚金1两来抵销笞刑的,可以允许。

赎死,金二斤八两。赎城旦舂、鬼薪白粲,金一斤八两。赎斩、府,金一斤四两。赎劓、黥,金一斤。赎耐,金十二两。赎迁,金八两。

缴纳黄金可以抵销罪刑。赎死刑,缴纳黄金数量为2斤8两。赎城旦舂或鬼薪白粲的徒刑,缴纳黄金数量为1斤8两。赎斩肢、宫腐的肉刑,缴纳黄金数量为1斤4两。赎割鼻子、脸上刺字的刑罚,缴纳黄金数量为1斤。赎剃鬓须的耻辱刑,缴纳黄金数量为12两。赎流放刑罚,缴纳黄金数量为8两。

刘邦建立汉朝,半两钱的重量从12铢降至2铢左右,物价腾飞。由于铜钱的购买力不稳定,西汉朝廷就规定惩处罪犯的罚金以黄金计量。不久,西汉打通西域商路,国际贸易逐步繁盛,造成黄金大量外流。百姓手中黄金日益减少,罚金的律令难以施行。所以,西汉朝廷下令,纳金赎罪可以按照法定比价缴纳铜钱。

实收铜钱

《二年律令》中载有《金布律》十一条,其中包含关于黄金货币流通的法令。与秦代《金布律》相比较,由于《二年律令》专设了《钱律》篇,涉及铜钱的法令原则上都纳入《钱律》,《金布律》中关于黄金和铜钱的法令就只剩下两条。第一条全文如下:

有罚、赎、责,当入金,欲以平贾入钱,及当受购、偿而勿金,及当出金、钱县官而欲以除其罚、赎、责,及为人除者,皆许之。各以其二千石官治所县十月金平贾予钱,为除。

有罚金、赎罪以及其他原因形成的对官府的负债,应当缴纳黄金。愿意以官方比价缴纳铜钱的;以及应当受到官府奖赏黄金,不要黄金而取铜钱的;当其向官府缴纳,用来抵销罚金、赎罪以及其他原因形成的对官府的负债时;以及为他人抵销各种对官府的负债时,愿意使用铜钱缴纳的,都予准许,不必使用黄金。分别按照债务人所在地二千石官治所县十月份的黄金市场平均价格支付铜钱,从而解除他们的债务。

西汉初期,关于处罚、赎罪,以及其他原因形成的官府债权,是以黄金计价的。但是,百姓向官府缴纳黄金时,可以用铜钱代缴。以铜钱代替黄金的价格,采用二千石官治所县十月份的黄金市场平均价格。这说明,西汉初期,黄金与铜钱之间并没有固定的官方比价。官方对黄金与铜钱的折算要依赖民间市场价格。市场价格是自由浮动价格,围绕黄金购买力和铜钱购买力的比率随着市场供求关系波动。西汉初期,法定十月为岁首,就相当于现代的年初。所以,官方采用黄金与铜钱的折算率,以年初十月份黄金市场平均价格为准。因此,黄金与铜钱在不同的年度里应有不同的官方折算率。由此推断,秦《金布律》中规定:“钱十一当一布。其出入钱以当金、布,以律。”这里的“以律”,并不一定是指法律规定了黄金与铜钱的固定比价,而是规定了黄金与铜钱的折算方法。譬如,规定以二千石官治所县年初十月份黄金市场平均价格折算。西汉初期,朝廷收入以黄金计价的原因有二:一是继承秦朝的制度;二是铜钱发生了严重的通货膨胀。半两钱名义上应当是12铢,刘邦建立汉朝时降到2铢左右。刘邦的妻子吕雉执政时期,半两钱的重量又涨到8铢。铜钱的购买力随时波动,西汉王朝为避免铜钱价格波动造成朝廷损失,采取了以黄金计价的保值措施。

西汉初期,地方官府实行郡县制。全国共有60个郡,后来增加到100多个郡。郡太守是郡的最高长官,被称为二千石,即每月可获俸禄120斛。“二千石官治所县”指的是郡一级的行政地方。“二千石官治所县十月金平贾”指的是郡一级行政地方的年初十月份黄金市场平均价格。由此来看,西汉初期的黄金价格,不仅随时变化无常,不同地区也有不同的价格。各个郡之间,以铜钱标价的黄金价格是不一样的。朝廷规定,各郡每年的黄金法定价格,是以各郡年初十月份黄金市场平均价格为准,各地采用不同的价格。

十月金价

十月为岁首,是秦朝的制度,或者说是秦始皇制定的制度。《史记·秦始皇本纪》说:

始皇推终始五德之傳,以为周得火德,秦代周德,從所不胜。方今水德之始,改年始,朝贺皆自十月朔。

秦始皇推算五行终始循环的顺序,认为周朝得火德,秦朝兴起取代周德,必须采用周德所不能战胜的德行。当今是水德的开始,要更改岁首,朝贺都以十月初一为元旦。

五行说及五德终始说成就于战国时期的驺衍。驺衍的五德终始说是以“土、木、金、火、水”相次转移的。其转移的次序是按照五行相克原理规定的。驺衍认为,新朝之起必因前朝之德衰,新朝所据之德必为前朝所不胜之德。新朝之兴,天必先见祥乎下民,这种变化是要有先兆的。

根据驺衍的理论,取代周朝火德者必将是水。秦始皇兼并天下,便定水德,符应追朔秦文公出猎获黑龙事。《史记·封禅书》说:

“周得火德,有赤乌之符。今秦变周,水德之时。昔秦文公出猎,获黑龙,此其水德之瑞。”于是秦更命河曰“德水”,以冬十月为年首,色上黑,度以六为名,音上大吕,事统上法。

有人说:“周朝得到火德,出现红色乌鸟的祥瑞。现在秦朝取代了周朝,正是水德兴旺的时候。当初秦文公出外打猎,捉到了黑龙,这是水德的祥瑞。”于是,秦朝改称黄河为“德水”,以冬季十月作为一年的开端,崇尚黑色,长度以 6 为单位,音律崇尚大吕,处理事务崇尚法治。

汉行秦法,汉朝规定黄金与铜钱的比价,仍然采用各郡年初十月份黄金市场平均价格。这种规定,至少沿用至汉武帝定德改制,以土德替代水德之前,没有发生变化。

第六讲　盗铸钱及佐者，弃市

盗铸钱及佐者，弃市。

盗铸铜钱者和协助盗铸铜钱者，一律处以死刑。

二年律令

这条史料来自西汉初期《二年律令·钱律》。

1983年年底至1984年年初，湖北江陵张家山247号汉墓出土了1236支竹简，其中有久佚的汉律。律令简文中，有一支简的背面明文载有“二年律令”四字。

经考证，《二年律令》的成文年代为汉高后二年（公元前186

年)。汉高后是刘邦的妻子,就是那位大名鼎鼎的吕雉吕太后。此时,距楚汉战争结束已经过去16年,社会经济复苏,法律秩序也逐步得到恢复。

汉朝继承了秦朝的货币法律,继续保护朝廷铸造的不足值铜钱的市场流通。

《二年律令》载有《钱律》八条,第一条全文如下:

钱径十分寸八以上,虽缺铄,文章颇可智,而非殊折及铅钱也,皆为行钱。金不青赤者,为行金。敢择不取行钱、金者,罚金四两。

铜钱直径达到0.8寸以上者,虽有磨损,铭文可辨,而不是断碎或铅钱,就是行钱,即法定流通的铜钱。金不是青色或红色的伪金,就是行金,即法定流通的黄金。拒绝接受法定流通的铜钱或法定流通的黄金的人,应当受到处罚,罚金四两。

汉朝1寸相当于现代2.31厘米,0.8寸相当于现代1.848厘米。

此时流通中的铜钱应当是汉高后二年铸行的八铢钱。根据对出土实物的测量,八铢钱体大而薄,直径多为2.6~3.1厘米,中间值为2.85厘米。《钱律》规定铜钱直径最低标准为1.848厘米,与出土八铢钱实物相比较,这个法定标准明显过低。这意味着,朝廷铸造的比一般铜钱小很多的劣质铜钱,也可以在法律的保护下进入流通,担负同等价值的流通职能。

垄断铸行

秦始皇灭六国,统一天下,统一货币,便确立了朝廷垄断铜钱铸行的制度。朝廷垄断铜钱铸行,百姓私自铸造铜钱便是盗铸,是犯法的行为。

秦朝垄断铜钱铸行的制度,源于战国时期秦国的法律。睡虎地秦墓竹简《封诊式》载:

某里士五甲、乙缚诣男子丙、丁及新钱百一十钱、容二合,告曰:丙盗铸此钱,丁佐铸。甲、乙捕索其室而得此钱、容,来诣之。

某里士伍甲、乙二人捆绑押送男子丙、丁二人及新钱110枚、钱范两套至官,控告说:“丙盗铸这些钱,丁帮助他铸造。甲、乙二人将他们捕获并搜查其家,得到这些钱和钱范,一并送官。”

战国晚期,秦国实行什伍连坐制度,1 人犯法,多家有罪。所以,群众见到有人犯法,立刻捆送官府。这个案例说明:(1)朝廷垄断铜钱铸行,私人铸造铜钱是有罪的,是要被告发的;(2)铜钱的铸造有法定的模式,“容”是铸造铜钱的范,用来翻铸铜钱。

秦始皇统一货币,将秦国禁止百姓私自铸造铜钱的法令推广到全国范围使用。朝廷垄断铜钱铸行,有利于皇帝的独裁统治:(1)朝廷获得了铸币利益;(2)朝廷用钱来调动人力、物力,有利于实现朝廷的政治目标。

汉文帝时期,大臣贾山指出:

钱者,亡用器也,而可以易富贵。富贵者,人主之操柄也。

铜钱是无用之物,却可用来换取富贵。富贵,是皇帝治理天下的把柄。

朝廷或国家垄断铜钱铸行,并非只是皇帝专制时期的现象。现代民主国家的货币发行,也是由国家垄断,百姓不得私造货币,铸币利益由国家代表全体人民拥有。

中国古代各王朝铸造铜钱,可以获得优厚的利益。因此,百姓盗铸铜钱的事情,常有发生。特别是当流通中的铜钱代表了远远大于其本身铜金属价值的时候,百姓便铤而走险,大量盗铸铜钱,造成严重的通货膨胀,危害社会经济的健康甚至朝廷政权的稳定。秦朝统一了货币,便确立了打击百姓盗铸铜钱的法律。

打击盗铸

秦朝的法律十分残暴,激起百姓起义。秦朝被推翻后,刘邦建立了汉朝,命令丞相萧何制定汉朝的法律。汉朝的法律是在参照、借鉴战国时期魏国李悝的《法经》,并在秦朝法律的基础上加以扩充而制定的。此后,汉朝的法律经历了一个从简到繁的过程。

到了刘邦的妻子汉高后吕雉掌权的时候,朝廷制定了《二年律令·钱律》,严厉打击百姓违法盗铸铜钱的行为,其严厉程度,比较秦律有过之而无不及。此外,与秦律相比较,《二年律令·钱律》加大了对协助犯法者的打击力度。

《钱律》第三条全文如下:

盗铸钱及佐者,弃市。同居不告,赎耐。正典、田典、伍人不告,罚金四两。或颇告,皆相除。尉、尉史、乡部、官、啬夫、士吏、部主者弗得，罚金四两。

盗铸铜钱者及协助盗铸铜钱者，一律处以死刑。同居不向官府告发，罚款并剃去鬓须。主管官员正典和田典，或伍人连坐者不向官府告发，罚金四两。上述人员若向官府告发，便免除对他们的处罚。上级相关官员，尉、尉史、乡部、官、啬夫、士吏、部主等未能及时察觉，罚金四两。

盗铸铜钱者，处以死刑。协助盗铸铜钱者，也是处以死刑。连坐者不告发，官员不察觉，都要受到处罚。

上述法律条文中所说的同居，系指父母妻子之外的亲属，这些亲属是与户主一起生活的，都有告发的责任。“耐”是剃去罪犯的鬓须，是一种使罪犯耻辱的刑罚。

《钱律》第四条对协助盗铸铜钱者的行为，做了进一步的描述，其全文如下：

智人盗铸钱，为买铜、碳，及为行其新钱，若为通之，与同罪。

知道某人盗铸铜钱，却帮助他买铜材料、碳，或帮助他将盗铸的铜钱投入市场流通，与其伙同犯罪，与盗铸的人同罪，也是处以死刑。

自首从轻

汉律规定犯法者自首可以从轻处罚。《钱律》第六条全文如下：

盗铸钱及佐者，智人盗铸钱，为买铜、碳，及为行其新钱，若为通之，而能颇相捕，若先自告、告其与，吏捕颇得之，除捕者罪。

盗铸钱者，协助盗铸钱者，知道某人盗铸钱而为其购买铜材、碳者，将盗铸的钱投入市场流通，与其伙同犯罪者，若能协助官府捕捉其他犯罪者，或率先自首且告发同伙，协助官府捉到同伙犯法者，即能除罪。

自首从轻是秦律的主要原则之一。汉律继承了秦律的这一原则。并且，汉律对于协助官府打击盗铸给予奖励。

《钱律》第五条全文如下：

捕盗铸钱及佐者死罪一人,予爵一级。其欲以免除罪人者,许之。捕一人,免除死罪一人,若城旦舂、鬼薪白粲二人,隶臣妾、收入、司空三人以为庶人。

捕获犯了死罪的盗铸铜钱者1人或协助盗铸铜钱者1人,爵位提高一级。若他不要求提高爵位,而要求豁免罪人,也应允许。捕获犯了死罪的盗铸钱者1人或协助盗铸钱者1人,可以豁免死罪1人;或豁免城旦舂、鬼薪白粲2人;或豁免隶臣妾、收入司空3人,使他们成为自由人。

为了提高打击盗铸的效率,法律规定对协助官府打击盗铸者给予奖励。这里所讲到的城旦舂,指的是男女犯人。男犯为城旦,从事筑城的劳役;女犯为舂,从事舂米的劳役。比城旦舂轻一些的处罚是鬼薪白粲。鬼薪是男犯,砍柴以供宗庙祭祀;白粲是女犯,择米以供宗庙祭祀。隶臣妾和收入司空是更轻一级的处罚。

西汉王朝实行奖励协助官府捉捕盗铸者和罪犯自首从轻两条政策,对朝廷垄断铜钱铸行,打击百姓盗铸,起到了重要的作用。

第七讲　故毁销行钱以为铜、它物者，坐臧为盗

故毁销行钱以为铜、它物者，坐臧为盗。

故意销毁法定流通的铜钱，将其熔为铜材或制造成其他铜器物品者，要按“盗”的罪名治罪。

保护行钱

这条史料来自西汉初期《二年律令・钱律》。

这里所说的“行钱”是指法定流通的铜钱。战国时期，秦国在《秦律》法条中就已经使用了这个名词。《秦律・金布律》云：

贾市居列者及官府之吏,毋敢择行钱、布;择行钱、布者,列伍长弗告,吏循之不谨,皆有罪。

市肆中的商贾和官家库府中的吏,都不准对半两钱和布币这两种法定流通的货币进行选择;有选择使用者,列伍长不告发,吏检查不严,都有罪。

《秦律》中讲到的"行钱、布"是指"行钱"和"行布",即法定流通的铜钱和法定流通的布币。西汉初期,"行钱"这个名词被使用在《二年律令·钱律》中。及至东汉,《建武三年候粟君所责寇恩事册》有云:"恩愿沽出时行钱卌万。"此时,刘秀刚刚建立东汉王朝,铜钱名称沿用西汉时期的习惯用语,仍然采用"行钱"二字。到了北魏鲜卑拓跋氏统治北方地区的时候,人们依旧使用"行钱"这个名词,并将非法定流通的铜钱称为"不行之钱"。熙平元年(公元516年),尚书令王元澄上书北魏孝明帝,说出下面这段话:

其不行之钱,及盗铸、毁大为小、巧伪不如法者,据律罪之。

对于使用非法定流通铜钱的那些人,以及私自盗铸、毁大钱铸小钱、弄巧作伪不依法办事的人,都要依据法律予以治罪。

“不行之钱”是相对“行钱”而言的,是指非法定流通的铜钱。

西汉初期,在《二年律令·钱律》中确立了打击毁钱、保护行钱的专门法条。究其缘由,当时社会上可能出现了一定程度的钱荒。高皇后二年(公元前186年),距楚汉战争结束已经过去大约20年。经历了一段和平时代的休养生息,社会生产和社会财富都得到了大幅度的增加,铜钱的流通增量可能跟不上社会财富的增长总量,因而市场上出现了钱币流通总量不足的问题。所以,西汉王朝立法打击百姓毁钱行为,保护铜钱流通。

毁钱铸器

百姓销毁铜钱,是为了制造铜器。

和平年代,社会生产迅速增长,百姓生活逐步富裕,开始追求更为精美的器皿和饰物。木器和陶器很难制成精美的器皿和饰物。精美的器皿和饰物需要使用玉石或金属。当时可用的金属主要是金、银、铜,其中铜的价值最为低廉。所以,铜金属成为普通百姓制作器皿和饰物的首选。于是,随着和平局面的持续,百姓生活水平的提高,铜制品的需求和价格逐步增长。终于,同等单位铜材制成铜器的价值渐渐超过了制成铜钱的价值。百姓使用铜材制作铜器所能获得的利益,已经超过盗铸铜钱所能获得的利益。在利益的驱动下,百姓开始毁钱铸器。西汉朝廷铸造铜钱,来向百姓购买谷帛等商品物资。百姓毁钱铸器,使朝廷铸造的铜钱不断减少,显然不利于社会商品生产和商品交换。况且,朝廷少铸铜器、多铸铜钱,亏本营运;百姓却毁钱铸器、从中渔利,实为朝廷所不能容忍。于是,刘邦的妻子吕太后颁布法令,禁止百姓毁钱铸器。

故毁销行钱以为铜、它物者,坐臧为盗。

故意销毁法定流通的铜钱,将其熔为铜材或制造成其他铜器物品者,要按"盗"的罪名治罪。

此后,刘邦的儿子刘恒即皇帝位,这个问题似乎更加严重了。刘恒干脆让百姓自己铸钱,朝廷不再做铸钱这种亏本的买卖。朝廷允许百姓自由铸造铜钱,当然也就允许百姓自由销毁铜钱。结果,在铜钱铸造制度上,就实现了铜金属本位货币自由铸造的原则。它能够使超过商品交换所需的铜钱通过被熔化为铜金属原材料而退出流通,也能够将铜金属原材料随时地铸造成铜钱,补充商品交换中所需铜钱数量的不足。这便形成了铜钱流通总量市场自动调节的机制,以满足商品交换对铜钱流通总量不断变化的需求。铜金属铸币自由铸造,有效地促进了商品生产和商品交换,使我国古代商品经济出现前所未有的高峰,出现了中国历史上著名的"文景盛世"。

然而,早在刘邦的妻子吕太后掌权时期,《二年律令·钱律》颁布的年代,商品市场尚欠成熟,朝廷辛辛苦苦亏本铸造了铜钱,让少数刁钻百姓毁钱铸器从中渔利,是可忍孰不可忍!

吕太后要法办这些违法之徒,要重重地惩办他们!

坐臧为盗

虽然汉朝已经扭转了秦朝重刑主义的立法思想,但是对"盗"的处罚依然十分严厉。

反秦战争期间,刘邦率军攻入秦都咸阳,废除秦朝全部法律,与关中父老约法三章:"杀人者死,伤人及盗抵罪。"刘邦废除秦朝的全部法律,仅留"杀""伤""盗"三项,说明天下百姓对社会上发生的这三种罪行具有共识,认为的确应当对其进行严厉打击。

随着汉王朝政权的建立,政治经济形势发生了变化,只对以上三种犯罪给予打击,已经不足以抵御社会上的犯罪问题。《汉书·

刑法志》云:“三章之法,不足以御奸。”于是,相国萧何制定《九章律》,确立了汉王朝的法律制度。《二年律令》应是在萧何《九章律》基础上建立的法律。《二年律令·盗律》规定:

盗臧直过六百六十钱,黥为城旦舂。六百六十钱到二百廿钱,完为城旦舂。不盈二百廿十到百一十钱,耐为隶臣妾。不盈百一十钱,到廿二钱,罚金四两。不盈廿二钱到一钱,罚金一两。

盗窃赃物的价值超过660钱,脸上刺字,罚作建筑城墙或舂米的劳役;220钱至660钱,免去肉刑,剃去头发和鬓须,罚作建筑城墙或舂米的劳役;110钱至220钱,剃去鬓须,罚作隶臣妾;22钱至110钱,罚金4两;1钱至22钱,罚金1两。

销毁法定流通的铜钱,要按照“盗”罪量刑处罚。譬如,销毁110枚铜钱,“坐臧为盗”,按照《盗律》量刑,就要“耐为隶臣妾”,即剃去鬓须,罚作隶臣妾。若销毁1枚铜钱,就要罚金1两。西汉时期,人们有“万钱一金”的概念,1两黄金应当价值600多枚铜钱。销毁1枚铜钱,处罚1两黄金,处罚金额超过犯罪金额的600多倍,可谓十分严厉。

此外,《盗律》法条中的数字皆采用11的倍数。用11的倍数作为法条中半两钱的数量,源于战国时期秦国《金布律》中关于 11 钱为 1 布的法定钱布比价。经历了反秦战争和楚汉战争的长期动荡,11 枚半两钱折合 1 单位布币的法令早已被废黜。特别是半两钱已经发生了大幅度的减重,11 枚半两钱折合 1 单位布币的比价更加无法维持。秦惠文王初行半两钱的时候,半两钱实重半两,即 12 铢。战国晚期铜材短缺,半两钱逐步减重至 8 铢。楚汉战争时期,刘邦令百姓一起铸钱,半两钱便减重至 2 铢左右,世称“榆荚钱”。《二年律令》继续使用 11 的倍数作为半两钱的处罚金额数量标准,是因为萧何制定《九章律》时采用了《秦律》中的许多法条,维持了半两钱数量使用 11 的倍数的习惯。

第八讲　敢择不取行钱、金者，罚金四两

敢择不取行钱、金者，罚金四两。

拒绝接受法定流通的铜钱或法定流通的黄金的人，应当受到处罚，罚金四两。

行钱行金

这条史料来自西汉初期《二年律令·钱律》。该律文共有八条，第一条全文如下：

钱径十分寸八以上，虽缺铄，文章颇可智，而非殊折及铅钱也，

皆为行钱。金不青赤者,为行金。敢择不取行钱、金者,罚金四两。

铜钱直径达到0.8寸及以上,虽有磨损,铭文可辨,而不是断碎或铅钱,就是行钱,即法定流通的铜钱。金不是青色或红色的伪金,就是行金,即法定流通的黄金。拒绝接受法定流通的铜钱或法定流通的黄金的人,应当受到处罚,罚金四两。

“行钱”是指法定流通的铜钱。

《二年律令·钱律》为“行钱”制定的标准是直径必须大于0.8寸。汉朝1寸相当于现代2.31厘米,0.8寸相当于现代1.848厘米。《二年律令·钱律》颁布时,流通中的铜钱应当是汉高后二年铸行的八铢钱,铭文“半两”,实重八铢。然而,立法只规定了铜钱的直径下限,却没有规定铜钱的重量下限,其原因是朝廷经常铸造重量不足的铜钱。根据对出土实物的测量,八铢钱体大而薄,直径多在2.6~3.1厘米,中间值为2.85厘米。《二年律令·钱律》规定其直径不得小于1.848厘米,与出土实物的情况相比较,法定直径标准明显偏低。这就意味着,朝廷铸造的比一般铜钱小很多的劣质铜钱,也可以作为行钱,在法律的保护下进入流通,行使同等价值的货币流通职能。

“行金”是指法定流通的黄金。

《二年律令·钱律》为“行金”制定的标准是真金,而非铜金属。汉代的铜金属,呈青赤颜色。《二年律令·钱律》中讲到的青赤色的金属,是指铜金属。以铜金属伪造黄金,是违法的。法律规定,只要是真实的黄金,就是行金,即法定流通的黄金货币,人们不得拒绝接受。

司马迁说:

虞夏之币,金为三品,或黄,或白,或赤。

中国古代的金属货币,有黄、白、红三种,即黄金、白银和铜。

到了秦代,法律规定货币有三种:黄金、布、铜钱。白银被法律禁止作为货币流通,布币却被确定为法定流通的货币。到了汉代,法律规定的货币就只剩下两种:黄金和铜钱。

秦代三币

秦代三币:黄金、布、铜钱。司马迁说:

及至秦,中一国之币为(三)[二]等,黄金以溢名,为上币,铜钱识曰半两,重如其文,为下币。而珠玉、龟贝、银锡之属为器饰宝藏,不为币。然各随时而轻重无常。

到了秦朝,把全国的货币统一为(三)[二]等,黄金以溢为单位,称为上币;铜钱铭文"半两",重量与文字相符合,称为下币。而珠玉、龟贝、银锡之类为装饰品或收藏品,不是货币,各自的价值随市场价格变化而变化。

秦代的货币体系,究竟是由三种货币组成还是由两种货币组成,文献中有不同的记载。所以,中华书局将两种不同的记载一并载入,称:"及至秦,中一国之币为(三)[二]等。"而学术界对于此事也有两种不同的观点。

1975年,考古人员在湖北云梦睡虎地秦墓中发现秦律竹简,其中有《金布律》十五条,揭示了此事的真相。根据《金布律》的内容,秦王政时期秦国实行三种货币流通的制度。黄金、布、铜钱都是法定流通的货币。人们在使用货币进行交易时,不得在三种货币中进行选择。显然,司马迁在著作时讲秦代货币为三等。

为什么后代抄录时却有人将其抄录为二等?这是因为司马迁只介绍了两种货币:黄金为上币;铜钱为下币。司马迁没有介绍这

个作为中币的布币。更有《汉书·食货志》曰:

秦兼天下,币为二等:黄金以镒为名,上币;铜钱质如周钱,文曰“半两”,重如其文。

《汉书》记载秦代货币体系由两种货币组成,与《史记》的记载不同。于是,后代抄录者对司马迁的文字产生了疑问,有一部分人将其所述“三等”改为“二等”,另一部分抄录者却依旧坚持“三等”,由此就出现了两种不同的记载。

《秦律·金布律》的出土,终于澄清了这一疑案。

1975年,湖北云梦睡虎地秦墓出土《金布律》竹简。竹简的主人名字叫作“喜”。他出生于秦昭王四十五年(公元前262年),死于秦始皇三十年(公元前217年),活了45年。

喜是秦王政时期的司法官员,看到秦王政灭六国、统一天下,秦王变成了秦始皇。喜死后,他的法律书籍被陪葬,其中包括《金布律》。在《金布律》的法条中,明确规定保护黄金、布和铜钱三种货币并行流通。这说明,秦始皇时期的货币体系还是三币制。不久,秦始皇死了,秦王朝也就跟着灭亡了。

喜死后31年,到了汉高后二年(公元前186年),西汉朝廷颁布了《二年律令·钱律》。根据《二年律令·钱律》,布已经不再是法定流通的货币。

汉代二币

秦代的布币是一种麻织品。

这种麻布货币职能的消失,发生在秦末汉初时期,其原因是丝帛的使用越来越广泛,在很大程度上替代了麻布的使用。

起初,秦始皇将战国时期秦国的法律推广到全国使用,麻布作为法定流通货币的法律规定应当仍然有效。秦灭六国之后,麻布作为流通货币的职能就发生了问题。

首先,秦灭六国,结束了长期的战争,铜材作为兵器的使用减少了。秦王朝获得了产铜地区,铸造铜钱有了更多的铜材。因此,市场上的铜钱增多,对于麻布作为流通货币的需求大幅度减少。

其次,秦灭六国,统一了全国的市场,为纺织业的发展提供了良好的条件,人们的服装得到了改善。随着商品经济的发展,丝帛的产量和用量都得到了大幅度的提高。因此,麻布作为主要衣服材料的地位发生了动摇,人们不再大量使用麻布裁制衣服,麻布的生产和消费都出现了大幅度的下降。

于是,麻布的市场价格出现了大幅度的下降。换句话说,麻布作为市场上的流通货币,出现了大幅度的通货膨胀。由于价格的不断下降,麻布在市场上被抛售,其货币功能就出现了迅速的衰败。人们追求铜钱,抛弃麻布,朝廷自然不愿为支撑麻布的市场价格而付出巨大成本。结果,秦代的三币制货币体系就转变为汉代的二币制货币体系。

此时,丝帛在很大程度上替代了麻布作为衣服材料的用途。但是,丝帛却不能替代麻布的货币流通职能,其原因是丝帛的价值过于昂贵。

秦朝《金布律》说:"钱十一当一布。"在日常交易中,人们使用这种当十一枚铜钱的麻布,还是可以适用于某些商品的交易需求的。然而,每匹丝帛的价值大约为1000枚铜钱,人们很少有机会使用这么大金额的货币。于是,人们将这种价值昂贵的丝帛作为储藏手段或大额支付手段使用。

麻布作为流通货币已经退出市场,丝帛却没有能够替代麻布的货币流通职能。于是,汉代的货币体系就只剩下两种货币:黄金和铜钱。

因此,据《二年律令·钱律》规定,人们在市场交易中,不得拒绝使用黄金和铜钱这两种法定流通的货币。

第九讲　取息过律，会赦，免

取息过律，会赦，免。

收取利息超过法律规定的最高利率，恰逢天下大赦，犯人受到免除爵位的处罚。

汉武帝时期，法律规定了关于货币借贷的最高利率，放款人超过法律规定的利率上限收取利息，将会受到严厉的处罚。

古高利贷

汉武帝之前，中国古代的货币借贷常常是取一偿二，属于典型的高利贷。《管子》一书成文于西汉时期，对战国以来高利贷盘剥

农民的情形作了如下描述:

> 凡农者月不足而岁有余者也,而上征暴急无时,则民倍贷以给上之征矣。

凡是从事农业的人,按月计算则收入不足,按年计算才会有盈余。但是朝廷征税紧急,又不根据时节,农民只好以加倍的利息借贷,用来支付朝廷税赋。

到了汉文帝时期,市场上仍然流行借一还二的高利贷。晁错说:

> 勤劳如此,尚复被水旱之灾,急政暴[赋],赋敛不时,朝令而暮改。当具有者半贾而卖,亡者取倍称之息,于是有卖田宅鬻子孙以偿责者矣。

这样辛勤劳苦,再遇到水旱天灾,加以官府催逼赋税、残暴横虐,征收又没有定时,早上下命令,晚上就要改。等到准备缴纳赋税时,有东西可卖的人,只好半价出售,没有东西可卖的人,就以加倍的利息借贷。于是,就出现了卖田地、卖房屋,甚至卖子孙来还债的事情。

魏如淳注:“取一偿二谓倍称。”倍称之息,就是借一个钱,要还两个钱,这是典型的高利贷。现代许多学者在讲到秦汉时期的货币借贷时说,这种倍称之息便是年利率100%。其实不然,农民偿还贷款的时间应当是秋收之后,但借贷的发生一定不是上一年的秋天,而是当年的春天。这种借贷的期限,是从春天到秋天的大约半年之内。所以说,半年付倍称之息,年利率就是200%。

当然,在特殊时期,还会发生更高的利率。

汉景帝三年(公元前154年),爆发了吴楚七国之乱。长安列侯封君为筹措军费借款,出现了“息什倍”,即1000%的高利贷。

> 吴楚七国兵起时,长安中列侯封君行从军旅,赍贷子钱,子钱家以为侯邑国在关东,关东成败未决,莫肯舆。唯无盐氏出捐千金贷,其息什之。三月,吴楚平。一岁之中,则无盐氏之息什倍,用此富埒关中。

吴、楚等七国起兵反叛时,长安城中的列侯封君为了跟随部队作战,向高利贷者借钱。高利贷者想到列侯封君的封地在关东,关东战局成败未定,就不肯借钱。唯有无盐氏拿出一千斤黄金借给他们,利息是本钱的十倍。三个月后,西汉朝廷平定了吴、楚等国的叛乱。于是,无盐氏在一年之中就得到了相当于本钱十倍的利息,由此成为关中最大的富翁。

武帝限息

西汉初期,商品经济迅速发展,货币借贷活动空前繁荣。在这种情况下,汉朝法律对货币借贷活动的保护就愈加严谨。汉朝法律对货币借贷的保护可以分为两个方面:一是保护放款人的利益,对欠债逾期或欠债不还者,给予法律制裁,严格保护债权,使货币借贷活动得以持续发展;二是保护借款人的利益,设置利率上限,降低高利贷对借款人的盘剥程度,从而保证社会的和谐稳定。

1. 保护放款人的利益,对欠债逾期或欠债不还者,给予法律制裁。

早在汉武帝的祖父汉文帝执政时期,法律对债权的保护就已经十分到位,即便是贵族,欠债不还超过法定的拖欠期限,也会受到严厉的制裁。河阳严候陈涓的子嗣陈信,拖欠贷款超过六个月,受到免除爵位的处罚。

孝文元年,信嗣,三年,坐不偿人责过六月,免。

汉文帝元年(公元前179年),陈信继承了陈涓河阳严侯的爵位。汉文帝三年(公元前177年),陈信因借钱不还,拖欠债务超过六个月,受到免除爵位的惩罚。

2. 保护借款人的利益,设置利率上限,降低高利贷对借款人的盘剥程度。

汉武帝时期,法律规定了关于货币借贷的最高利率,放款人超过法律规定的利率上限收取利息,将会受到严厉的处罚。

汉武帝元鼎元年(公元前116年),旁光侯刘殷曰:

坐贷子钱不占租,取息过律,会赦,免。

旁光侯刘殷,放贷收息不纳税,并且收取利息超过法律规定的最高利率,两罪并罚,比较严重。但是,恰逢元鼎元年"夏五月,赦天下",从宽处理,刘殷受到免除爵位的处罚。

借贷需求

汉律保护借贷双方利益,贷款业得到较大的发展。放款人经营的规模越来越大。例如,鲁国曹县的邴氏经营冶铁以致巨富,无利润的事情绝不去做,其放贷业务遍及郡国。

鲁人俗俭啬,而曹邴氏尤甚,以铁冶起,富至巨万。然家自父兄子孙约,俛有拾,仰有取,贳贷行贾遍郡国。

鲁国人一般都俭朴小气,其中曹县的邴氏更为突出。他以冶铁业发家,家产上亿。但他家里从父亲、兄弟到子孙,都有一个规定:俯有所拾,仰有所取,即一举一动都要获得利益。邴家放债和行商的范围遍及郡国。

产生货币借贷活动的原因有许多,其中一个重要的原因就是朝廷征收赋钱。秦汉时期的租税,多采用收缴谷帛实物的方式,赋则采用收缴铜钱的方式。赋的用途为出车徒给徭役,即出车打仗,用于战争时期,并非每年缴纳。赋的这种性质,春秋时期还是比较明显的。秦汉时期,赋演化而出现算赋、口赋、更赋等不同种类,成为百姓每年都要缴纳的税项。西汉初期的百姓,年龄在十五岁至五十六岁的,所出的赋称作算赋,每算一百二十枚铜钱。

汉高帝四年(公元前203年)八月,西汉朝廷开始向百姓征收铜钱算赋。《汉书·高帝纪》载:

八月,初为算赋。

魏如淳注:

《汉仪注》:"民年十五以上至五十六出赋钱,人百二十为一算,为治库兵车马。"

《汉仪注》云:百姓年龄在十五岁至五十六岁之间者,每人每年要缴付官府一百二十枚铜钱,作为朝廷储备的战争费用。

除此以外,女子晚嫁要被处罚五倍的赋钱,《汉书·惠帝纪》载:

女子十五以上至三十不嫁,五算。

女子十五岁至三十岁没有结婚的,要向官府缴纳五倍的赋税作为罚款,即每年缴付六百枚铜钱。

西汉初期,少年七岁至十四岁,也要出口赋。《汉仪注》云:

民年七岁至十四,出口赋钱,人二十三,二十钱以食天子,其三钱者,武帝加口钱,以补车骑马。

少年七岁至十四岁,要向官府缴纳口赋钱,每人每年缴纳二十三枚铜钱,其中二十枚铜钱给皇帝日常开支使用,另外三枚铜钱是汉武帝额外增收的,为的是补充战争费用。

朝廷赋钱征敛无时,农民就经常需要借债,这是秦汉时期高利贷活动兴盛的一个重要原因。

秦汉时期商品交换经济的发展,导致了严重的贫富两极分化。富豪的产生和巨额金钱的集中,为货币借贷活动的资金供给提供了必要的条件。因此,放款人多为富商大贾、社会豪强,借款人多为贫困农民、城市贫民等社会弱势群体。人们借取货币的原因,除了应对官府无时的征敛之外,就是为了春耕粮种、青黄不接时节的日常生活必需的粮柴等。由于社会弱势群体的偿债能力存在许多不确定因素,放款风险很大,利率也就非常之高。除了这些社会弱势群体作为货币借贷的借款人之外，随着商品交换经济的发展，小商贩阶层日益增多，对货币借贷又提出了更多的需求。

第十讲　罢五铢钱，使百姓以谷帛为市

及黄初二年，魏文帝罢五铢钱，使百姓以谷帛为市。

至黄初二年（公元221年），魏文帝曹丕废除五铢钱，让百姓用谷米、布帛作为交易货币。

这是中国古代皇帝诏令谷米、布帛作为交易货币的唯一案例。曹丕的这个命令，是在恢复五铢钱制度的努力遭遇失败之后作出的，而三国时期恢复五铢钱制度的首倡者，就是那个大名鼎鼎的曹操。

许多人都知道曹操是个“治世之能臣，乱世之枭雄”，很少有人知道曹操主张怎样的货币制度。正是曹操的继承者们逐步实现了曹操主张的货币制度，才使曹魏集团乃至继之而起的司马晋集团日益壮大，人口日益增多，最后消灭了刘备创建的蜀汉集团和孙权创建的东吴集团,实现了三国的统一。

罢黜小钱

汉献帝初平元年(公元190年),董卓将皇帝、文武百官及京师百姓从洛阳迁至长安。董卓在长安修建宫室城池,造成财政困窘,无奈铸行小钱,虚币敛财以解财政危局。结果,五铢钱被熔毁重铸为小钱或被百姓收藏而退出了流通,董卓小钱迅速充斥市场。

董卓乱政只是昙花一现。不久,董卓被杀身死。然而,董卓小钱却成为主要的流通货币,持续了相当一段时间。18年后,汉献帝建安十三年(公元208年),曹操挟制天子,专权朝政,罢黜董卓小钱,宣布恢复五铢钱的流通。

然而,五铢钱却不好使了。

及献帝初平中,董卓乃更铸小钱,由是货轻而物贵,谷一斛至钱数百万。至魏武为相,于是罢之,还用五铢。是时不铸钱即久,货本不多,又更无增益,故谷贱无已。

至汉献帝初平年间(公元190年至193年),董卓更铸小钱,由此引起货币贬值和物价上涨,一斛谷子的价格卖到几百万文。到曹操任丞相时,便罢黜了这种小钱,恢复使用五铢钱。当时朝廷已经很久没有铸钱了,钱币总量原本不多,又加上未铸造新钱,所以粮价一路下跌。

粮价下跌不是好事情,谷贱伤农,严重地影响了经济发展,曹操恢复五铢钱的努力宣告失败。此时,正值三国割据,敌对国家采取了截然相反的货币政策。曹操罢黜董卓小钱,努力恢复五铢钱,刘备和孙权却铸行了比董卓小钱更不足值的“直百钱”、“大泉五百”和“大泉当千”。

汉献帝建安十九年(公元214年),刘备攻打成都,取成都后,出现了军用不足的问题。于是,刘巴建议铸行“直百钱”。

初攻刘璋,备与士众约:“若事定,府库百物,孤匆预焉。”及拔成都,士众皆舍干戈,赴诸藏竞取宝物。军用不足。备甚忧之。巴曰:“易而,但当铸直百钱,平诸物价,令吏为官市。”备从之,数月之间,府库充实。

早年攻打刘璋的时候,刘备与众将士们约定:“如果能够把成都攻打下来,刘璋各个库府中的财宝,都给予众将士,刘备不收缴这些财宝。”待到刘备的部队真的把成都攻打下来,众将士就都丢下武器,赶到各个库府中竞取财宝。结果刘备付出了军事开支,却没有得到战争的收获,军中用度出现了困难。刘备非常发愁。刘巴建议说:“这个事情很容易解决,我们铸造每枚价值一百的铜钱,令官员们使用这种直百钱到市场上用现行价格收购物资。”刘备听从了刘巴的建议,几个月后,刘备的库府就充满了物资。

孙权也不甘落后,嘉禾五年(公元236年),东吴朝廷铸造一当五百的大钱;赤乌元年(公元238年),东吴朝廷再铸一当一千的大钱。

董卓用一铢青铜铸造价值五铢的铜钱,一铢青铜当作五铢使用,搞垮了经济。刘备则用十铢青铜铸造价值百铢的铜钱,一铢青铜当作十铢使用;孙权更是不客气,用二十铢青铜铸造价值五百铢的铜钱,一铢青铜当作二十五铢使用。刘备和孙权的虚币敛财政策显然不利于民生和经济发展,他们的国家人口难以增长,国土难以扩张。

谷帛为市

曹操死了,富国强兵的重任落在他的儿子曹丕身上。

汉献帝延康元年(220 年),曹操去世,他的儿子曹丕继位为魏王。当年十月,曹丕代汉称帝,国号魏,建元黄初,定都洛阳。第二年,曹丕再次试图恢复五铢钱:

三月,加辽东太守公孙恭为车骑将军。初复五铢钱。

黄初二年(公元 221 年)三月,曹丕任命辽东太守公孙恭为车骑将军。恢复五铢钱的流通。

此时,刘备统治的蜀汉地区已经开始流通“直百钱”。紧靠这样一个虚币流通的邻邦,如果曹丕铸行足值五铢钱,那么曹丕所铸的五铢钱就会被邻国盗取更铸为虚币大钱,盗铸者可以从中牟取暴利。因此,曹丕在恢复五铢钱制度几个月后,发现情况不妙,就果断地废黜了五铢钱,令百姓“以谷帛为市”。

及黄初二年,魏文帝罢五铢钱,使百姓以谷帛为市。

至黄初二年(公元 221 年),魏文帝曹丕废除五铢钱,让百姓用谷米、布帛作为交易货币。

曹氏父子两代,在恢复五铢钱制度方面都遭到了失败,其原因很值得探讨。战争期间,发行不足值铜钱来购买军用物资是扰乱敌国经济的有效手段,而发行足值铜钱只有利于百姓的生产和交换,不利于对敌战争。此时,正当北方曹魏集团试图恢复五铢钱制度,采用足值铜钱便利经济发展的时候,西南蜀汉集团和南方东吴集团都在发行不足值虚币大钱向民间暴敛钱财。蜀汉集团实施的虚币敛财措施,可能造成通货膨胀输出,对曹丕试图恢复五铢钱制度的努力产生了不利的影响。

恢复五铢

曹丕也死了,富国强兵的重任转到他的儿子曹叡身上。

黄初七年(公元226年),曹丕去世,他的儿子曹叡即位。第二年,曹叡又一次恢复五铢钱,竟然取得了意想不到的成功。

太和元年……夏四月,行五铢钱。

至明帝世,钱废谷用即久,人间巧伪渐多,竞湿谷以要利,作薄绢以为市,虽处以严刑而不能禁也。司马芝等举朝大议,以为用钱非徒丰国,亦所以省刑。今若更铸五铢钱,则国丰刑省,于事为便。

魏明帝乃更立五铢钱,至晋用之,不闻有所改制。

太和元年(公元227年),夏四月,朝廷铸行五铢钱。

到了魏明帝曹叡的时候,废止钱币而用谷帛作为交易货币的时间已经很久了。此时,投机取巧的事情逐渐增多,有的人竞相把粮食弄湿、把绢织薄来追求厚利。虽然官府对此采用严刑惩处,但也不能禁止。司马芝等朝廷大臣举行会议商讨,认为使用钱币不但可以使国家丰裕,也可以减少刑事犯罪。现在若恢复铸行五铢钱,就可以富国省刑,对各方面事情都有利。于是,魏明帝曹叡下令恢复铸行五铢钱。铸行五铢钱的办法,一直到晋代仍然沿用,没有听说再有改变。

曹操恢复五铢钱,只是在法律制度上宣布恢复,并未实施铸造,因此货币供应总量不足,造成谷价不断下跌,改革随之失败。曹丕恢复五铢钱,时机似乎并不成熟。曹丕初篡帝位,四方未稳,军事冲突一触即发,曹魏朝廷当然不能将大量金属置于铸钱用途。不用金属铸钱,只好用谷帛作为货币。而谷帛作为货币的弊端甚多,于是很快也失败了。到了曹叡即位之时,刘备和孙权都已经称帝,三国稳定局面基本形成,此时恢复五铢钱制度就具备了客观环境上的条件。因此,曹叡恢复五铢钱制度,是通过大量铸造五铢钱的方式实现的。曹魏政权铸造五铢钱,便利了民间商品流通和经济发展,自然也有利于曹魏国力的增强。

根据路遇、滕泽之先生《中国人口通史》的研究分析,三国初期,曹魏统治人口大约400万,吴蜀两国统治人口大约也是400万;三国末期,曹魏统治人口大约1100万,吴蜀两国统治人口大约600万。曹魏统治人口的增长明显高于吴蜀两国。

种瓜得瓜,种豆得豆,曹魏集团重视货币制度,有利于经济发展,人口和国土逐步扩张;蜀汉集团和东吴集团破坏货币制度,不利于经济发展,人口和国土的扩张相对缓慢。数十年后,蜀汉集团和东吴集团依次被北方的魏、晋集团击灭,三国终归一统。

第十一讲　金银之属谓之宝，钱帛之属谓之货

金银之属谓之宝，钱帛之属谓之货。

黄金和白银这类东西是宝藏手段，铜钱和布帛这类东西是流通手段。

这条史料出自《唐六典·太府寺》。

唐代的金银形制多样，除“铤”和“饼”之外，散碎金银及金银器皿、饰物等都可以作为宝藏手段，或用于贡献、赏赐及大额支付，所以统称为“金银之属”；唐代的钱帛形制也有多种：铜钱除开元通宝，民间还流通着许多种类的历代古钱，而布帛的形制更是种类繁多，“出有方土，类有粗精。绢分八等，布分九等”，所以统称为“钱帛之属”。

金银之属谓之宝，钱帛之属谓之货。就是说，各种各样的金银

充当行使货币宝藏职能,各种类别的钱帛充当行使货币流通职能。

北朝遗风

唐朝政权承袭南北朝时期鲜卑统治的北朝,而不是汉人统治的南朝。所以,唐朝的法律制度也源于北朝,而不是南朝。

魏晋后期,五胡乱华,汉人南渡,建立了东晋政权。东晋政权存在一百多年,数次北伐中原,力图恢复国土。东晋末年,大将刘裕北伐南燕、后秦,取得了重大的军事胜利。刘裕率军回师后不久,便逼迫东晋恭帝退位,自己做了皇帝,国号“宋”。

在北方,五胡混战,形成十六国政权。经历了一百多年的战争,鲜卑拓跋氏建立北魏政权,统一了北方,与南方的刘宋政权形成南北朝对峙的局面。

南朝的汉人政权持续更替,出现了宋、齐、梁、陈四个王朝,商品经济逐步繁荣。北朝的鲜卑政权实行均田制,商品经济发展相对缓慢。

北朝晚期,分裂为东魏、西魏,很快又转变为北齐、北周。

西魏有八大柱国、十二大将军,掌握军国大事,是鲜卑贵族的核心人物。八大柱国中最著名的人物有宇文泰、独孤信、李虎;十二大将军中有杨忠。

宇文泰掌握西魏朝廷大权。宇文泰死后,他的儿子宇文觉取代西魏建立了北周。不到一年,宇文觉的哥哥宇文毓被拥立为皇帝,立独孤信的大女儿为皇后。李虎被追封为唐国公。他儿子娶了独孤信的四女儿,孙子便是唐朝的开国皇帝李渊,鲜卑名大野叔德。杨忠被封为隋国公。他的儿子杨坚,鲜卑名普六茹坚,娶了独孤信的七女儿独孤伽罗,取代北周建立了隋朝。

南朝立志北伐中原、恢复国土;北朝也要率军南下,击灭南朝。北朝在经济上落后于南朝,在军事上却比南朝强大。公元 589 年,杨坚派兵击灭南陈,统一了南北朝,将北朝的法律制度推广到全国使用。

北朝的铜钱流通较少,布帛是重要的货币,行使价值尺度和流通手段职能。黄金和白银主要用作宝藏手段,或用作贡献及赏赐。这种情形,一直延续到唐代初期。所以,唐朝的法律依旧规定黄金和白银作为宝藏手段,铜钱和布帛作为流通手段。

然而,随着唐朝军队的东征西讨,唐朝白银的支付手段作用日益重要起来。

戎蛮影响

唐代的白银,作为支付手段的作用逐步增强,原因是受到西戎和南蛮各民族的影响。

西域地区,当时的火寻(后来元代的花剌子模)和布豁(后来元代的不花剌)等国盛行银币。唐王朝的军事占领,很快到了这里。

唐太宗李世民东征西讨,大唐王朝的版图迅速扩大。贞观三年,大唐军队打败了东突厥。贞观九年,大唐军队击降吐谷浑。贞观十四年,大唐军队消灭了高昌政权,将高昌国的统治地区改编为西州。贞观十八年,大唐军队消灭焉耆。贞观十九年,唐太宗亲征辽东,无功而返。贞观二十年,大唐军队击灭漠北的薛延陀,招降原属于薛延陀的铁勒诸部。贞观二十一年、二十二年,大唐军队两次攻打高丽。贞观二十二年,大唐军队攻破龟兹。

李世民死后,他的儿子李治即位,大唐王朝的军事活动更加频繁。永徽元年,大唐军队平定漠北。显庆二年,大唐军队击灭西突厥,以其地分置昆陵、蒙池二都护府。显庆三年,唐王朝在龟兹建立安西都护府。总章元年,大唐军队攻占平壤,灭亡高句丽。此时,唐朝的版图东起朝鲜半岛、西临咸海、北包贝加尔湖、南至越南横山。

在大唐王朝的军事打击下,西戎南蛮诸国纷纷归附,李治在西域地区设立康居都督府,其管辖地区已经是银币流通区。

除了受到西戎各族的影响,大唐使用白银,还受到南蛮各族的影响。

岭南地区,百姓也使用白银作为货币。这种情形,早期被唐朝百姓耻笑。张籍送南迁客诗云:"海国战骑象,蛮州市用银。"在唐朝百姓的眼里,岭南蛮族地区的战士打仗骑大象,百姓市场交易用白银,都是很奇怪可笑的事情。然而,岭南地区,百姓早已习惯用白银作为市场流通手段。于是,朝廷对岭南百姓的习惯采取了宽容的态度,允许其采银铸币。但是,唐王朝对内地百姓,则严加限制,不许其采银冶炼。唐宪宗元和三年(公元808年)六月,诏云:

> 天下自五岭以北,见采银坑,并宜禁断。

全国自五岭以北,现行开采的银矿,应当一律禁止。

朝廷下令禁止岭北百姓采银,说明岭南用银交易的情形已经蔓延到岭北,岭北百姓已经开始采银。十月,朝廷再次重申禁银法令：

重申采银之禁。应辄采一两已上者。笞二十。递出本界。

重申禁止开采白银的法令，若有开采白银超过一两者，处罚鞭笞二十下，押送出界。

唐宪宗禁止内地百姓采炼白银，其效果并不理想，所以此后又有解禁的法令。总之，随着大唐王朝的军事扩张，在西戎和南蛮各民族的影响下，唐王朝统治下的广大地区，白银作为支付手段的作用出现了逐步增强的趋势。

金钱银钱

唐代的黄金和白银是宝藏手段，不是流通手段。但是，金钱和银钱在唐代也有铸造。

唐代的金钱和银钱，一般铭文开元通宝，与铜钱文字一致，大小也与铜钱相似。文献中记载唐代金钱，多是指鎏金开元通宝钱。王仁裕著《开元天宝遗事》云："内廷嫔妃，每至春时，各于禁中结伴三人至五人。掷金钱为戏,盖孤闷无所遣也。”

王建《宫词》诗云:

宿妆残粉未明天,总立昭阳花树边。
寒食内人长白打,库中先散与金钱。

张祜《退宫人》诗云:

开元皇帝掌中怜,流落人间二十年。
长说承天门上宴,百官楼下拾金钱。

唐代虽有金钱和银钱,却不是流通货币,只是赏玩饰物。因此,唐律中对于私铸铜钱和私铸金钱银钱的处罚是不同的。私铸铜钱是犯罪的行为,而私铸金钱银钱则不是犯罪。

唐代的商品经济逐步繁荣,金银的用途也逐步广泛。但是,唐代的金银仍然不能被认为是真正的货币。当时,社会上的金银数量较少,不足以用作市场流通。所以,平民百姓很少用金银作为流通手段。贵族富豪使用金银,则主要用于馈赠礼品和大额支付,并不用于日常生活商品交易。

唐代金银以两为单位,有时也论斤。汉朝文献中的一“金”,是指一斤黄金。唐宋文献中的一“金”,则是指一两黄金。有时候,人们以铸造的形式为黄金或白银的单位,如一铤、一饼等。

比较西汉时期的情形,唐代黄金的价格出现了大幅度的上升。西汉时期一斤黄金的价格大约是一万枚铜钱,唐代一斤黄金的价格大约是十万枚铜钱。黄金贵重,不适合用作日常生活商品交易。黄金价格的大幅度上升,也是黄金货币功能衰退的原因之一。

第十二讲　禁天下铸铜器

禁天下铸铜器。

禁止全国各地铸造铜器。

唐代战乱

唐代是一个战乱不息的时代。

唐代初期，唐太宗李世民东征西杀，搞得中华大地自伊、洛以东，暨乎海岱，灌莽巨泽，苍茫千里，人烟断绝，鸡犬不闻，道路萧条，进退艰阻。到了他的儿子唐高宗李治的时候，唐朝的军队更加所向无敌，唐朝的版图便达到了空前巨大的盛况。

李世民的儿媳武则天掌权之后,天下逐步安定。武则天的孙子李隆基当了皇帝,专心声色犬马,不务军事。天下久无战事,大唐王朝统治下的社会经济便迅速地繁荣起来。

不料,好景不长,唐玄宗天宝十四年(公元755年)爆发了“安史之乱”。

由于战争的破坏,田地荒芜,江淮地区出现了严重的饥荒,发生了人吃人的惨象。朝廷为了平叛战争,增加了名目繁多的苛捐杂税。百姓无法忍受,便爆发了数十万人众的大规模起义。

安史之乱延续八年之久,终于结束。朝廷军队的主力便进入江淮地区,平定人民起义。这时候,唐玄宗和他的儿子唐肃宗已经先后去世。唐肃宗的儿子李豫即位,是为唐代宗。

屋漏偏逢连夜雨,正在这千难万难的时候,吐蕃趁机入侵,攻入长安。唐代宗仓皇出逃,径奔陕州。吐蕃的军队在长安烧杀抢掠之后,就撤回本土,将一个千疮百孔的长安城留给唐代宗收拾。

战争终于告一段落,百姓得到暂时的喘息,恢复了对美好生活的追求。器皿、工具、镜子、饰物等铜器的需求骤然上升,于是百姓开始销熔铜钱、铸造铜器。

禁铸铜器

根据《新唐书·食货四》的记载,面对百姓销熔铜钱、铸造铜器的问题,朝廷官员们讨论认为:

……钱亦岁毁于棺瓶埋藏焚溺,其间铜贵钱贱,有铸以为器者,不出十年钱几尽,不足周当世之用。

铜钱每年大量毁于殉葬、埋藏、焚烧和沉溺水中。近些年来,铜贵钱贱,有些人将铜钱销熔、铸为铜器。如此下去,不出10年光景铜钱就将几乎耗尽,无法满足社会的需要。

于是,大历七年(公元772年),唐代宗下令,禁止全国各地铸造铜器。

大历七年,禁天下铸铜器。

中国货币史上,唐代是个转折点。唐代之前,货币法律的重点在于打击盗铸铜钱,抑制由于铜钱过多引发的通货膨胀;唐代之后,货币法律的重点在于打击销毁铜钱,抑制由于铜钱过少引发的通货紧缩。为什么会出现这样的变化，其原因是铜金属材料的价格大幅度上涨，铜金属材料的价格从过去的“铜贱钱贵”转变为“铜贵钱贱”。

铜贱钱贵的时候，百姓将铜金属材料铸造成铜钱，从中渔利。官府打击百姓盗铸铜钱，用死刑来震慑，盗铸活动仍然不能禁绝。到了唐代宗大历年间（公元766～779年），市场上出现了“铜贵钱贱”的现象。百姓开始销熔铜钱、铸造铜器，朝廷便下令禁止铸造铜器。根据《新唐书·食货四》的记载：

销千钱为铜六斤，铸器则斤得钱六百，故销铸者多，而钱益耗。

销毁1000枚铜钱可以得到6斤铜金属材料材，将铜金属材料铸造成器物，每斤可以卖得600枚铜钱，6斤铜器就可以卖得3600枚铜钱。所以，销熔铜钱、铸造铜器可以获得巨大利益，于是钱币日益减少。

爆发钱荒

市场上的铜钱不够用了，朝廷没有努力增加市场上的铜钱供给,反而大幅度地增加了对铜钱的征收。

唐德宗建中元年(公元780年),宰相杨炎奏请实行两税法。唐德宗立刻批准了他的方案。杨炎的两税法主要有两项创新:第一项是改变过去“量入为出”的征税原则为“量出以制入”。过去朝廷按照人口征收粮食和布帛,朝廷征得多少收入,就根据这些收入的数量来制定开支预算。杨炎提出“量出以制入”,就是朝廷需要多少钱,就向百姓征收多少钱。第二项是将过去“征收粮食和布帛”的征收办法,改变为征收铜钱。

杨炎实行两税法,当年就获得了巨大的成果。

唐玄宗天宝年间(公元742~756年),社会经济最为繁盛,纳税户数890万,朝廷每年从民间征收铜钱22亿枚,平均每户缴纳铜钱247枚。唐德宗建中元年(公元780年),遭受安史之乱,社会经济衰败,纳税户数减至308万,朝廷当年从民间征收铜钱300亿枚,平均每户缴纳铜钱9740枚,相当于天宝年间的39倍。

朝廷将民间的铜钱一扫而空,立刻就爆发了钱荒。

市场上没有铜钱,物价自然暴跌。百姓出售生产产品,却没有人用钱来买。商业流通阻断,致使农商破产,百姓生活潦倒不堪。不仅如此,由于百姓手中无钱,商品交换只好退回以物易物的原始方式。

唐德宗贞元十年(公元794年),朝廷下令对销熔铜钱者比照盗铸治罪,即处以死刑。这说明,此时销熔铜钱、铸造铜器的问题十分严重,朝廷不得不采用极端手段对其进行治理。除了以死刑相威胁,唐德宗还命令天下铜器的价格每斤不得超过160文铜钱。法令禁止铸造铜器,铜器已经成为十分稀缺的奢侈品。法令规定这种奢侈品必须按照非常低廉的价格出售,自然有行无市。

禁止铸造铜器的法令如此严厉,铸造铜器的行为却没有停止。可能是朝廷抓一下,民间铸造铜器的行为就收敛一些,朝廷松一下,民间铸造铜器的行为就泛滥起来。

铜贵钱贱

百姓销熔铜钱、铸造铜器的原因在于铜贵钱贱。

经历了严重的钱荒,商品价格暴跌,铜钱昂贵。在这种情况下,如果市场机制发挥作用,铜金属材料的价格也应当有所降低。但是,情况恰恰相反,铜金属材料的价格比铜钱更加昂贵。

铜钱昂贵的原因是朝廷不断减少铸造铜钱的数量。

铜贵钱贱,朝廷铸造铜钱是亏损的。所以,朝廷减少了铸造铜钱的数量。到了唐穆宗长庆元年(公元821年),朝廷每年铸造铜钱的总量就只剩下唐玄宗开元年间每年铸造量的七分之一。根据《新唐书·食货二》的记载:

开元中,天下铸钱七十余炉,岁盈百万,今才十数炉,岁入十五万而已。

唐玄宗开元年间,全国设置70多座炉铸钱,每年铸钱100万贯,即10亿枚铜钱。如今铸钱炉只剩下10多座,每年铸钱只有15万贯,即1.5亿枚铜钱。

铜金属材料昂贵的原因是朝廷限制和减少了铜矿的开采。根据《新唐书·食货四》的记载:

铜冶九十六……麟德二年,废陕州铜冶四十八。……八年……天下铜坑五十,岁采铜二十六万六千斤。

唐代初期,全国有铜矿96处……唐高宗麟德二年(公元665年),关闭陕州铜矿48处。……唐文宗大和八年(公元834年)……

全国铜矿有 50 处,每年采铜 266,000 斤。

唐王朝一方面限制铜矿开采,另一方面禁止百姓铸造铜器,搞来搞去,结果是朝廷缺乏铜金属材料铸钱,铜钱昂贵,铜金属材料更加昂贵。到了唐文宗大和八年(公元 834 年),朝廷把全国的铜产量全部用来铸造铜钱,也只能铸造四万多贯,即 4000 多万枚铜钱。市场上的铜钱,越来越不够用了。

此后,禁止百姓铸造铜器的法令一直实行至大唐王朝灭亡,铜金属材料缺乏的问题没有解决,钱荒的问题也没有彻底解决。钱荒是大唐王朝中后期的持续现象。禁止百姓铸造铜器,则是大唐王朝中后期始终贯彻的法令。

第十三讲　私贮见钱,并不得过五千贯

私贮见钱,并不得过五千贯。

百姓私藏现钱,一律不得超过五千贯。

唐德宗建中元年(公元 780 年),杨炎奏请实行两税法。就在这一年,朝廷使用两税法从民间搜刮了 300 亿枚铜线,立刻引发了钱荒。从此,市场上缺少铜钱,物价下跌,工商衰败。数十年过去,百姓年年蓄藏铜钱,以备来年向官府缴纳税赋,市场上铜钱更加稀缺。于是,朝廷下令禁止百姓超限额蓄藏铜钱。百姓每户蓄藏铜钱的法定数量,一律不得超过五千贯。

钱荒之祸

唐德宗建中二年(公元781年),实行两税法的第二年,朝廷发动了攻打藩镇的战争。朝廷企图“拉一派打一派”,结果却是“摁下了葫芦起了瓢”;各地藩镇企图联合造反,但始终还是一盘散沙,不能形成对抗朝廷的群体优势。于是,朝廷原本计划的速决战,就变成了持久战。

战争初期,朝廷的军队连战连捷,但耗资巨大,两税法收敛的300亿文铜钱被迅速用光。开战后仅仅十个月,杨炎制定的“量出以制入”的征税设想完全落空。朝廷需要多少铜钱就向百姓征收多少铜钱的设想被实践证明无法执行。从此,朝廷从百姓手里得到的铜钱越来越少,而朝廷需要的战争经费却越来越多。

战争需要大量的铜金属材料,兵器、军车、器械都需要铜金属材料,可以用在铸造铜钱方面的铜金属材料明显不足,朝廷便无力铸造所需的铜钱。朝廷从境外购买马匹、粮草、器械,需要支出大量铜钱;朝廷准备奖赏战士,储备了大量铜钱;百姓为了支付来年税赋,也蓄藏了一定数量的铜钱。所以,市场上的铜钱越发稀缺。

于是,朝廷转向商贾们借贷铜钱。商贾们不愿意将铜钱借给朝廷,官员们就用大棒来解决问题。商贾们不能忍受棍棒之苦,有上吊自杀者。终于,朝廷从商贾们手里筹措来共计 20 亿文铜钱,却仅能支付两个月的军费。建中四年(公元 783 年)六月,朝廷采用判度支赵赞的建议,开始征收间架税。凡居房之人,每大间交 2000 文铜钱,每中间交 1000 文铜钱,每小间交 500 文铜钱。通过征收间架税,朝廷又征收了共计 30 亿文铜钱。自此,百姓的铜钱被搜刮殆尽,朝廷连军饷都发不出了。

建中四年(公元 783 年)十月,朝廷调动泾源节度使姚令言的军队增援襄城。部队领不到军饷,半路哗变杀进京师长安。士兵们在长安烧杀抢掠,吓得唐德宗夜逃咸阳。皇帝的逃跑更加导致了战局的恶化,朝廷的军队一败再败。唐德宗从咸阳再逃汉中。此时,朝廷的财力和军队士气都不再占优势。唐德宗接受了宰相陆贽的建议,下诏赦免大多数叛乱军人,以求实现团结多数、打击一小撮儿的目的。然而,从攻打藩镇到姑息藩镇,朝廷的力量更加削弱,大唐初期贞观之治的强权政治已经一去不复返了。

禁蓄钱令

不久,唐德宗死了,带着褒贬不一的各种争议死了。

唐德宗的儿子即皇帝位,是为唐顺宗。唐顺宗中风失语,不会说话,做了六个月的哑巴皇帝就下台当起了太上皇。唐德宗的孙子李纯即位,便是大名鼎鼎的唐宪宗。唐宪宗很得太宗遗风,能征惯战,打得藩镇们纷纷拱手称臣。唐宪宗打仗也需要钱,两税法"以钱计税"的办法被沿用,以便从百姓手里搜刮更多的钱财物资。

持续不息的钱荒以及朝廷征收铜钱,使百姓不敢将铜钱花掉,蓄钱之风经久不衰。然而,人人蓄钱,钱荒益加严重。元和三年(公元808年),唐宪宗颁布禁止蓄钱的预先通知告示:

应天下商贾先蓄见钱者,委所在长吏,令收市货物,官中不得辄有程限,逼迫商人,任其贸易,以求便利。计周岁之后,此法遍行,朕当别立新规,设蓄钱之禁。所以先有告示,许有方圆,意在他时行法不贷。

全国商人凡原先贮藏现钱的,委派当地长官命令他们将钱收购货物,官府不得任意规定期限以逼迫商人,听凭他们买卖,以求便利。预计一年之后，这种办法普遍施行，朕当另行制定新的法规，设立禁止蓄藏铜钱的法令。目前预先告知天下，允许酌情权宜办理，用意在于它日正式实行法令时，对违犯者就不予宽待了。

皇帝诏示百姓，晓之以理、动之以情，要求蓄钱的人，将钱拿出来购买货物。元和十二年（公元 817 年），唐宪宗正式颁布禁蓄钱令。

所有私贮见钱，并不得过五千贯。如有过此，许从敕出后，限一月内任将市别物收贮。……如限满后有违犯者，白身人等，宜付所司，决痛杖一顿处死。

所有私藏现钱，一律不得超过五千贯。如超过此数，准于命令发出后，限一个月内听凭购买其他物品收藏。……限期届满后如有违犯者，平民应交所管部门，判处痛杖一顿后处死。

朝廷禁止百姓蓄藏铜钱。百姓蓄藏铜钱超过法令规定的限额，过期不予处理，就应处以死刑。处死之前，为了加大罪犯的痛苦，还要痛杖一顿。

限期处置

唐宪宗禁止百姓蓄藏铜钱的法律十分清楚,其颁布实施过程,可谓有理、有利、有节。唐宪宗先是发布预先通知告示,勿谓言之不预。然后,唐宪宗才颁布正式的法令。为了使法令具备可操作性,唐宪宗规定对蓄钱处置给予宽限时间。宽限时间内,百姓可以用蓄钱购买任何货物,若时间不够,还可以申请再次宽限。最后,有顽固违法不遵者,根据法令予以处死,处死之前还要痛杖一顿。但是,法律虽然清楚,仍然有人不予遵守。有的人依靠权贵,想方设法不处置蓄钱,官府也无可奈何。

当时京城中,里巷和市肆集藏的铜钱多来自各方镇大员,如王锷、韩弘、李惟简等。他们拥有的铜钱,少者不下五十万贯。此时,他们便争着购买房屋,以便把钱变换掉,买房多的竟把全里巷都包了,用这些房产出租来收回本钱。而拥有大量资产的商人,多称自己的铜钱是左右神策军的官钱,府县不敢彻底检查,法令终于无法执行。

这些商人大户依附权贵,官府没有办法查验。小户人家则将铜钱埋藏,官府查验起来也很困难。所以,禁止百姓蓄钱的法令不能得到预期的效果。大和四年(公元830年),唐宪宗的孙子唐文宗再次颁布禁止百姓蓄钱的法令,其中增设了奖赏告发者的办法:

应私贮见钱家,除合贮数外,一万贯至十万贯,限一周年内处置毕;十万贯至二十万贯以下者,限二周年处置毕。如有不守期限,安然蓄积,过本限,即任人纠告,及所由觉察。其所犯家钱,并準元和十二年敕纳官,据数五分取一分充赏。纠告人赏钱,数止于五千贯。应犯钱法人色目决断科贬,并準元和十二年敕处分。其所由觉察,亦量赏一半。

凡私家贮藏现钱的,除符合规定的贮藏数额之外,贮藏一万贯至十万贯的,限一年内处置完毕;十万贯至二十万贯的,限两年内处置完毕。如有不遵守这个期限,毫无顾忌地蓄积现钱的,超过本规定期限,就任凭他人检举告发,由经办吏役检查。所有违章蓄积的私家钱,一律依照元和十二年(公元817年)的命令缴交官府,计提钱数的五分之一作为告发赏金。告发人的赏金,最高额以五千贯为限。凡违犯钱法的人,各种名目的处罚和贬斥,一律按照元和十二年的诏令办理。其中有承办差事过程中查获了违法铜钱的差人,也酌情给予一半的赏金。

这次敕令重申元和十二年的敕令,即一户人家的铜钱不得超过五千贯,超过部分勒令限期处置,违犯者痛杖一顿处死。比较元和十二年的敕令,这次敕令加列了奖赏告发者的条文。

但是,不知道为什么,这个奖赏办法最终并没有被执行。

第十四讲　禁铜钱无出化外

禁铜钱无出化外。

禁止百姓将铜钱携带出境。

化外指的就是境外。

在古代中国人的眼里,人类受上天的管辖。上天委派他的儿子来到人间,统治地上的人类,这个儿子就是天子。天子委派官员们到四方教化百姓,使百姓文化统一、共同服从上天的旨意。被教化的百姓生活的地域就是化内;等待被教化、尚未被教化的百姓生活的地域就是化外。

尚未被教化的百姓不懂道理,被称为蛮夷。为了防御蛮夷的武力侵袭,朝廷在化内与化外之间建立了边境。唐朝出现了钱荒,朝廷铸造的铜钱不敷化内百姓使用,所以法律禁止百姓将铜钱携带到化外给蛮夷百姓使用。

唐代钱禁

杨炎奏请唐德宗实行两税法,立刻引发了钱荒。钱荒使商品交换受阻,农商衰败。朝廷为了缓解钱荒带来的灾祸,颁布法令禁止百姓将铜钱携带出境,这种法令就被世人称为“钱禁”。

唐德宗贞元初年(公元785年),朝廷开始在骆谷、散关禁止过关者携带铜钱出境,携带一枚铜钱出境都是犯禁的行为。

贞元初,骆谷、散关禁行人以一钱出者。……然而民间钱益少,缯帛价轻,州县禁钱不出境,商贾皆绝。

唐德宗贞元初年(公元785年),通过骆谷、散关的行人,携带一枚铜钱出境都是违法的。……但是民间的钱还是越来越少,缯帛价格很低。除了唐朝铜钱不许出境,各地方衙门也采取了地方保护措施,各州县都禁止行人带钱出州县境界,商人绝迹。

商品价格下跌,严重地伤害了生产。谷贱伤农、帛贱伤工,这种情形长期持续,得不到解决。到了唐德宗的孙子唐宪宗李纯时期,朝廷两次拿出内库铜钱,在市场上收购布帛,用皇家储备来平抑商品价格。

八年四月,敕:“以钱重货轻,出内库钱五十万贯,令两市收市布帛,每匹估加十之一。”

唐宪宗元和八年(公元813年)四月,唐宪宗诏令:“由于铜钱的价格贵重而商品的价格低贱,令内库拨出铜钱50万贯,命令东西两市收购布帛,每匹加价十分之一。”

十二年正月,敕:“泉货之设,故有常规,将使重轻得宜,是资敛散有节,必通其变,以利于人。今缯帛转贱,公私俱弊。宜出见钱五十万贯,令京兆府拣择要便处开场,依市价交易,选清强官吏,切加勾当。”

唐宪宗元和十二年(公元817年)正月,唐宪宗诏令:“货币的发行,自古以来就有一定的规律。要想使币值贵贱适当,就得对回收和发行加以调节,还必须了解它的变化规律,才能对百姓有利。

现在绢帛的价钱变贱,对公私都有害。应当拨出现钱50万贯,令京兆尹选择要冲而又方便的地方开设市场,按照市场价格交易,选派清正干练的官吏,切实加以管理。”

皇帝说得很有道理。但是,皇帝两次从内库中拿出各50万贯铜钱来平抑商品价格,对于当时钱荒严重的市场状况,实在是杯水车薪,不能解决问题。

宋代钱禁

唐代以前,没有关于禁止百姓携带铜钱出境的法令。这种法令,始于唐代钱荒爆发之时。到了宋代,铜钱短缺的情况愈加严重,朝廷对百姓携带铜钱出境制定了非常严格的处罚办法。从此,禁止百姓携带铜钱出境,就成为宋代货币法律中最为重要的内容。

太祖建隆三年敕:“如闻近日缘边州府,多从蕃部将钱出境,枉钱销熔。许人告捉,不以多少,并给与告者充赏。其经历地分应干系兵校,并当重断,十贯以上处死。”

建隆三年(公元962年),宋太祖赵匡胤敕令:“据报告今日边境州府地区,有许多人携带铜钱从蕃部出境,将钱销熔。对此违法行为,允许百姓告发和协助捉捕。无论违法者携带铜钱多少,全部赏给告发人。其携带铜钱出境所经地区,沿路军人应该负责,严厉打击犯罪行为,携带多于十贯铜钱出境者,处以死刑。”

携带多于十贯铜钱出境,罪至处死,此法可谓十分严厉。然而,不久之后,宋太祖开宝元年(公元968年),朝廷进一步加大了对携带铜钱出境活动的打击力度,将携带铜钱多于10贯出境者处死的法令,改为携带铜钱多于5贯出境,即予处死。

九月壬午,诏曰:“旧禁铜钱无出化外,乃闻沿边纵驰,不复检察。自今五贯以下者,抵罪有差;五贯以上,其罪死。”

开宝元年(公元968年)九月壬午日,宋太祖诏令:“过去法律禁止铜钱出境。近期据报告沿边地区执法松弛,对行人不加检查。自今以后,携带少于五贯铜钱出境者,按其携带数量治罪;携带超过五贯铜钱出境者,处以死刑。”

宋仁宗康定元年(公元1040年),宋夏战争爆发,宋军大败于三川口。第二年,宋朝再次修订惩处携带铜钱出境者的法律。

乙卯，诏："以铜钱出外界，一贯以上，为首者处死。"

庆历元年（公元1041年），乙卯日，宋仁宗诏令："携带多于一贯铜钱出境，为首者处死。"

此次修改法律，将携带多于5贯铜钱出境者处死的法令，改为携带多于1贯铜钱出境，即予处死，可见相关法律越来越加严酷。

废除钱禁

北宋时期，关于钱禁的法律，越来越加严酷。不料，到了王安石变法的时候，朝廷却突然废除了钱禁。

宋神宗熙宁七年（公元1074年），王安石变法，废除了禁止百姓携带铜钱出境的法令。于是，流通中的铜钱总量大幅度减少，很快就引发了继唐朝钱荒之后的又一轮钱荒。

废除钱禁法令，并非当时北宋君臣盲目废旧立新的结果，而是经过王安石认真思考策划，作为变法运动中的重要环节提出并实施的。王安石变法的核心目的是富国强兵。在对内政策方面，将百姓的钱财收敛到朝廷，就使得国家富强，有了打仗的资本；百姓的钱财被收走,百姓生活就出现了困难,就不得不当兵吃饷,朝廷就获得了更多的战士,由此达到了强兵的目的。在对外政策方面,王安石借鉴战国时期的成功经验。战国时期的国际贸易思想是鼓励进口,即鼓励金属货币流出,物资流入。其理论是:如果我国物资价格高于外国,例如外国每釜粟米价格100钱,我国每釜粟米价格1000钱,就可以使外国的粟米迅速流入我国。既然要打仗,粮食、马匹、军械、军装最为重要,所以需要让金属货币流出,换取军用物资流入。战争胜利后,占领了外国的国土,金属货币便仍然在我国占领的区域里流通,对于我国并无任何损失。王安石是饱学之士,自然深知军用物资在战争时期对于战争胜负的重要性。因此,要使外国的军用物资流入本国,就要废除钱禁,允许铜钱流出,才能换取大量的军用物资流入。

王安石变法遭到了许多人的反对。王安石的学生郑侠向朝廷呈送"流民图",声称流民扶老携幼,充满道路,一个个身无完衣,腹内无食,吃草根、啃树皮,状况惨不忍睹,要求朝廷全面废除新法。于是,王安石被免去宰相职务,贬知江宁府。

王安石走后,资历很深的大臣张方平上书要求恢复钱禁:

夫铸钱禁铜之法久矣,令敕具载,而自熙宁七年颁行新敕,删去旧条，删除钱禁，以此边关重车而出，海舶饱载而回，闻沿边州军钱出外界，但每贯收税钱而已。

颁行铸钱禁铜的法令已很早了，令敕都写得明白。但自熙宁七年（公元1074年）以来，颁行新敕书，删去旧条款，废除钱禁。因此，边关重车载钱出境，外国海船满载钱币回国。听说沿边境的州、军衙署，对于钱币流出境外，每贯只收一文钱的税钱而已。

铜钱大量流出国外，不利于宋朝的商品生产与商品交换，张方平要求恢复钱禁。然而，宋神宗没有理睬张方平，次年再次起用王安石，继续变法大业。王安石变法，为宋神宗收敛了大量的钱财。宋神宗用这些钱财，发动了攻打西夏的战争。不幸的是，宋神宗在攻打西夏的战争中遭遇惨败，郁闷而死。

宋神宗死后，儿子宋哲宗即位，恢复了钱禁法令。

第十五讲　西汉赐予悉用黄金，而近代为难得之货

中国西汉时期有大量黄金,后来失踪不见,成为千古谜案,令人百思不解。《宋史·杜镐传》中有这样一段对话:

问:"西汉赐予悉用黄金,而近代为难得之货,何也?"镐曰:"当是时,佛事未兴,故金价甚贱。"

宋太宗赵光义询问虞部员外郎杜镐:"西汉时期朝廷赐予都使用黄金,近代黄金却成为难得的东西,这是为什么呢?"杜镐回答说:"西汉时期佛教尚未兴盛,所以黄金的价格低贱。"

杜镐的意思是:佛教兴盛,黄金被大量用于铸造佛像或佛教法器,所以比较西汉时期,宋朝市场黄金流通总量大量减少。

杜镐是饱学之士，博闻强记，说出的话很具权威性。但是，细细考证起来，杜镐的这个观点却有些靠不住。

黄金失踪

西汉的黄金哪里去了，杜镐的观点是黄金被大量用在铸造佛像或佛教法器上了。为了搞清楚这件事，我们先来看看西汉黄金是什么时候失踪的。

有学者认为，西汉黄金失踪发生在两汉之际。

中国古代黄金的一个重要用途就是皇帝将它赏赐给文臣武将。因此，皇帝赏赐黄金的情况是考察黄金总量变化的一个重要的指标。《汉书》记载西汉时期（公元前206年～公元8年）皇帝赏赐黄金100多次，赏赐黄金总额约为90万斤。《后汉书》记载东汉时期（公元25～220年）皇帝赏赐黄金9次，赏赐黄金总额约为2万斤。从史书记载两汉皇帝赏赐黄金的情况变化来看，东汉皇帝赏赐黄金次数不足西汉皇帝赏赐黄金次数的十分之一，赏赐次数减少了90%；东汉皇帝赏赐黄金总额只相当于西汉皇帝赏赐黄金总额的2%，赏赐金额减少了98%。由此看来，西汉黄金大量失踪的时间似乎发生在西汉东汉之际。

但是,分析西汉前期与后期的情况,两期之间也有巨大的差异。汉武帝以前皇帝赏赐黄金总额 87 万多斤,汉昭帝以后皇帝赏赐黄金总额两万多斤。汉昭帝以后皇帝赏赐黄金总额只相当汉武帝以前皇帝赏赐黄金总额的 3% ,赏赐金额减少了 97% 。当然,汉武帝赏赐黄金数额巨大,在两汉皇帝中是个特例。如果我们将汉武帝赏赐黄金抽出不计,只比较西汉其他皇帝赏赐黄金的情况,汉昭帝以后 6 个皇帝在 91 年中赏赐黄金总额相当于汉景帝以前 5 个皇帝(包括吕后)在 66 年中赏赐黄金总额的 39% 。按照这种统计,西汉后期皇帝赏赐黄金总额比西汉前期也呈现了大幅度的下降。因此,可以推论西汉黄金的失踪,在汉武帝时期(公元前 141 ~ 公元前 87 年)就已经开始,而不是在西汉东汉之际。

佛教传入中国,始于东汉明帝时期(公元 57 ~ 75 年)。早在汉昭帝时期(公元前 87 ~ 公元前 74 年),西汉黄金就已经开始明显减少。所以说,西汉黄金的失踪,不能归因于佛教的传入。

西汉黄金失踪的原因,从经济规律的角度来分析,应当是大量流出国外。汉武帝派遣张骞出使西域以后,西域商路逐渐畅通繁荣,中国对外贸易迅速增长,这才是黄金外流最主要的原因。但是,为什么对外贸易增长会引起中国黄金外流,而不是黄金内流?

这是一个值得我们深入分析探讨的问题。

金银比价

自西汉至五代的1000多年间，中国的黄金白银比价与西方各国相比较，发生了差距递减、逐步趋同的变化。

王莽时期(公元8~23年)，中国黄金白银比价为1单位黄金兑换3单位好银或5单位次银。到了南北朝时期，中国黄金白银比价为1单位黄金兑换5~6单位白银；印度也是1单位黄金兑换5~6单位白银；阿拉伯则为1单位黄金兑换6.25单位白银；罗马和拜占庭是一单位黄金兑换14.4单位白银。从地理上来看，西方黄金价格高于东方，这种价格差异是循序渐进的，就是从东到西，黄金的价格逐步升高。反过来说，东方白银价格高于西方，这种价格差异也是循序渐进的，是从西到东，白银价格逐步升高。到了五代(公元907~960年)初期，中国黄金白银比价已经达到1:15，与西欧国家黄金白银比价基本相同。在这个漫长的过程中，中国黄金不断地流向西方国家，造成了西汉黄金的失踪。

汉武帝时期开通西域商路，促进了中、西方各国商人们的国际贸易活动，他们各自携带着中国的丝绸、漆器、玉饰物，外国的各种奇珍异品，以及黄金、白银和各国钱币，赶着骆驼来往穿梭在这条联结着中、西方国家的道路上。商人们很快就发现了中、西方各国之间黄金白银比价的差异，于是通过西行带金、东行带银的方式来减少成本、扩大利润。以南北朝时期为例，一个商人从罗马带550两白银到中国，可以换取100两黄金，再从中国带这100两黄金到罗马，就可以换取1440两白银。当然，这种行为可能不是由一个商人全程完成的，而是分成几个地理段落，由几个商人联结共同完成的，这几个商人分享各自地理段落上的差价。总而言之，商人们的逐利行为造成了黄金从东向西的流动以及白银从西向东的流动，结果使中国黄金大量减少，白银大量增加。

中国黄金流向西方国家的运动经历了一个漫长的过程。在这个过程中，随着中、西方各国的黄金白银比价逐渐趋向一致，黄金西流的速度也就越来越慢。由于古代交通的困难，以及商品国际价差更大于黄金白银比价差异，商人们愿意贩运具有更大利润的各国奇珍异品，而不是金银。所以，商人们西行带金、东行带银的活动延续了很久，用了一千多年的时间，才使中、西方国家黄金白银比价达到一致。

废斤改两

黄金失踪的结果是中国黄金价格不断上涨,黄金的常用单位从“斤”转变成为“两”,并且出现了白银货币化的趋势。

西汉时期,黄金一斤的价格是一万枚五铢钱,至魏晋时期,黄金一斤的价格涨到十万枚五铢钱。

黄金价格大幅度上升的同时,黄金的常用单位也从“斤”转变为“两”。两汉时期有关黄金的记载,均以“斤”作为黄金单位。清代史学家赵翼在《陔余丛考》中说:“金银以两计,起于梁时”。根据赵翼的考证,黄金以“两”为常用单位,始于南朝时期。但是,从文献中看,黄金以两计,在晋代就已经见于记载了。《晋书·王机传》云:“杜余党杜弘奔临贺,送金数千两与机,求讨桂林贼以自效。”这里讲“送金数千两”,而不是讲“送金数百斤”,说明当时人们已经开始使用“两”作为黄金的常用单位。这是一个渐变的过程,晋代黄金常用单位已经出现用“两”的情况,可能当时也有用“斤”的情况。到了南朝时期,黄金常用单位就一般都使用“两”,很少使用“斤”了。

黄金大量流出国外，白银大量流入国内，白银的使用就日益频繁起来。秦始皇统一全国货币时，规定白银作为器饰宝藏，禁止其作为货币流通。到了王莽执政的时候，就将白银作为法定货币的一个品种，正式进入了货币流通。东汉时期，白银虽然不是法定货币，但是史书记载白银的使用频率有了明显的增加。两晋时期，出现了白银计价的记载，说明白银已经具备了一定的价值尺度性质。经历了隋唐时期的发展，宋代以后，白银货币化的趋势日益突出。明代中期，大明通行宝钞发生了严重的通货膨胀，被人们普遍放弃不用。于是，朝廷放开用银之禁，白银从此成为中国主要的流通货币。

第十六讲　私有铜、鍮石等，在法自许人告

私有铜、鍮石等，在法自许人告。

私自占有铜材、鍮石者，法律允许百姓告发。

这条法令是北宋初期朝廷针对市场上铜钱流通不足，从源头上控制铸钱材料所采取的一项重要措施。这里所说的“铜”，是指已经冶炼成材的原铜；“鍮石”是指未经冶炼的天然铜矿石或黄铜矿石。无论拥有“铜”或“鍮石”，都是违法行为。法律要求百姓相互监督，一经发现即向官府举报。

禁止采铜

开宝九年（公元 976 年），赵匡胤去世，他的弟弟赵光义即位，是为宋太宗。此时，北方还有北汉政权，东方还有吴越政权，国家还没有统一，兼并各地军事割据政权的战争还在继续。赵光义即位之后，立即下达了禁止百姓采矿冶铜的诏令：

平广南、江南，亦听权用旧钱，如川蜀法。初，南唐李氏铸钱。一工为钱千五百，得三十万贯。太宗即位，诏州置监铸钱，令转运使按行所部，凡山川之出铜者悉禁民采，并以给官铸焉。

宋军平定广南、江南之后，像川蜀地区的做法一样，也暂准占领区使用旧钱。当初，南唐李氏铸钱，一个人工可以造钱 1500 枚，当时共铸钱 3 亿枚。宋太宗即位后，诏令州设立专门机构铸钱，命令转运使巡行所辖地区，凡是山川出铜的地方，一概禁止百姓采矿冶铜，并将当地所出产的铜料供给官府铸钱。

在关于北宋时期历史的文献中，我们没有见到更多关于禁止百姓采矿冶铜的诏令。然而,从各方面的记载来看,禁止百姓采矿冶铜的法律,直至南宋末期都没有放松。南宋庆元年间(公元 1195 ~ 1200 年),朝廷颁行《庆元条法事类》,继续强调禁止百姓采矿冶铜:

诸出产铜、铅、锡界内耆长失察觉、私置炉烹炼而为他人告、捕获,并同保父保正长知而不纠者,并依界内停藏、贸易、透漏榷货法。

各出产铜、铅、锡的地方,若当地耆长未能察觉,有人私自设炉冶炼并被他人告发而被捕获,连同当地保父、保正长期知情不举报者都要按照界内停藏法、贸易法、透露榷货法治罪。

禁止占铜

宋朝法律禁止百姓采矿冶铜,同时又禁止百姓占有铜材或铜矿石。北宋大观四年(公元 1110 年)七月七日,宋徽宗下诏:

勘会私有铜、鍮石等,在法自许人告。如系贩卖,即许人捕。

若私铸造,亦有邻保不觉察断罪之法。况私有铜、鍮石昨虽曾降指挥立限首纳,而无知之人玩法无所畏惮。今已增立罪赏,尚虑民间将同常事,以不应存置之物依旧隐藏,不行首纳。可限今来指挥到日,于州县镇寨散出晓示,仍限一月内许人经所在官司首纳,依实直支还偿钱,过月不纳或收藏隐匿,听邻保诸色人纠告,勾收入官,知而不告,事发同罪。兼虑官司不切奉行,诸州仍委通判、县委知令,专切警察督责施行,无致灭裂驰慢。候限满,令本路转运司具州县首纳到名数申尚书省。

审查私自占有铜材、鍮石者,法律允许百姓告发。若有人贩卖铜材、鍮石等,可以捉捕。若有人私自铸造铜器,以及邻居联保人未能察觉,目前已有相关的惩罚条例。此前,朝廷曾经降旨派任指挥官员宣告百姓,违法者限期自首缴纳其私自占有的铜材、鍮石等。但是,有些无知的人玩忽法令,无所畏惧。现在,我们增设相关的罪赏法条。考虑到许多人认为占有铜材、鍮石是普通平常的事情,所以将不该存放的铜材、鍮石等依旧隐藏,不来自首缴纳。现确定于指挥官员到达之日,在州县镇寨等地发出告示,限期一月之内,允许违法者在所在地方官府自首缴纳。对于其缴纳的铜材、鍮石等,官府按照其价值对自首者偿付款项。如果过了一月限期,违法者仍不缴纳或继续收藏隐匿,邻居联保人可以告发,将其捕入官府。邻居联保人知情不告,事发时则与违法者同罪。此外,考虑到官府若不切实奉行上述旨令,各州要委派通判、各县要委派知令,专职督办此事,以避免执行失败。待到期限满时,命令本路转运司将各州县收缴到的铜材、鍮石等有关数据,报送尚书省。

"鍮"字由"金"和"俞"二字组成。"俞"含有"直接"的意思。所以说,"鍮石"不是原铜,而是天然金属矿石。在现代字典里,"鍮"是黄铜。黄铜是铜和锌的合金,明朝开始被人们广泛使用,北宋时期,黄铜尚未被广泛使用。但是,唐宋时期已经出现了从西域贩运来的鍮石。这些贩运来的鍮石是某种铜锌合金,制作铜器比铜铅锡合金更为美观,是当时的奢侈品。中原百姓可能也已经知道使用卢甘石与铜合炼,可以产生更为美观的黄色铜金属。但是,北宋法律中讲到的"鍮石",应该是指未经冶炼的、成色较高的天然铜矿石。南宋时期,也有禁止百姓占有铜材或铜矿石的法律。《庆元条法事类》载:

诸私有铜及鍮石者,一两杖八十,一斤加一等,十五斤不刺面配邻州本城。为人造作器物者,与物主同罪,配亦如之,作具没官。

凡私自占有铜材或鍮石者,占有一两杖刑八十,一斤罪加一等,十五斤不刺面发配邻州本城。为他人造作铜器者,与铜材主人同罪,处治量刑一样,铸造工具没收入官府。

法律对于百姓占有铜材或铜矿石的打击力度是很大的,占有一两铜材便要打八十杖,实在很恐怖。并且,协助造作铜器者,与铜材主人同罪。条法规定主从不分,同等治罪,充分体现了相关法律的严厉。

禁止用铜

百姓采矿冶铜、占有铜材,目的是铸造铜器。铜器是具有直接使用价值的物品,可以作为商品出售,从而实现这一系列劳动所创造的价值。因此,朝廷要实现对铜材的有效控制,就必须禁止百姓铸造铜器。北宋太宗至道二年(公元996年),皇帝诏曰:

私铸铜器,蠹坏钱货,建康府、台、明、湖州犹甚,可专委守臣严切禁止。

私自铸造铜器、毁坏铜钱,建康府、台州、明州、湖州问题最为严重,可以委派专员严加禁止。

南宋时期,宋孝宗淳熙十年(公元1183年),大臣们上书奏事:

勘会昨降指挥,拘毁官司铜器,禁销钱宝,前后措置断罢条法指挥非不严备,然其间有许置造行用之物别无关防,置民间籍以为奸。

审查原来降旨指挥的事项,收缴销毁官府铜器,禁止毁坏铜钱,前后实施有关法条不但不严格,而且其间出现了许多问题,没有批文就制造了某些器物,与百姓勾结违背法条。

于是,宋孝宗降旨重申禁止铸造铜器的具体实施办法。

十一月十九日,奉圣旨将钟、磬、铙、钹、锤、杵、官司铜锣并照子、棱作、钉铰、等今后亦不许铸造。仍委守令尽数根括铸铜器之家,拘收作具动使入官与免罢责,令改业籍,定姓名。应民户每五家为一保,如有违犯,保内不陈首,并减正犯人一等科罪。余依前后禁约罪赏条法指挥施行。其僧道及士庶之家现有铜器许责赴所在州县当官镌凿题记,仍给凭由照验。

十一月十九日,奉皇帝圣旨,钟、磬、铙、钹、锤、杵、官司铜锣并照子、棱作、钉铰、等皆不可铸造。委派各地方守令,对当地所有铸造铜器的人家进行清缴,没收其所有铸造工具入官,免其罪责,令其改变从业户籍,填写姓名。当地民户五户联保,如有违犯,联保户不告发,按照犯法者的罪过减一等治罪。其余各项,皆按照前后禁令罪赏法条派员执行。无论庙宇道观还是平常百姓人家,凡有铜器允许携带到所在官府镌凿标记,发给合法拥有凭证。

第十七讲　贯钞独行，无他货以相杂

贯钞独行，无他货以相杂。

纸币单独行使货币职能，不与其他货币并行流通。

元朝宝钞

与我们现代的情形一样，元朝实行单一纸币制度。

公元1260年，忽必烈在开平即大汗位，发行纸币中统宝钞。公元1287年，忽必烈又发行纸币至元宝钞，与正统宝钞并行流通。从此，中统宝钞与至元宝钞的流通一直延续到1368年，直到元顺帝丢了中原江山，退出大都，元朝在中原统治地区实行的单一纸币制度才告结束。

元朝实行单一纸币制度，禁止了金、银和铜钱作为货币的流通。公元1264年，元朝在中国北方禁止金、银作为货币流通。吞并南宋之后，元朝又在江南禁止金、银作为货币流通。

吞并南宋之初，元朝一度允许南宋地区百姓使用铜钱，并可以按照4:1的比例用铜钱向元朝官府兑换中统宝钞。公元1276年，蒙古大军攻入临安，俘获宋恭帝北去。公元1277年，元朝下令禁止江南百姓使用铜钱。公元1279年，宋军兵败崖山，南宋灭亡。公元1280年，元朝下令收缴民间铜钱、铜材、铜器，废除了南宋王朝铸行的铜钱，在中国南北两地全面实行了单一纸币制度。

钱钞兼行

元朝的货币制度是单一纸币制度。但是，受到宋朝货币制度和货币思想的影响，元朝许多人主张遵循宋朝的货币制度实行钱钞兼行，即允许铜钱与代表铜钱的纸币并行流通。因此，是否采用钱钞兼行，始终是元朝货币制度争论的焦点。

元朝最早提出钱钞兼行的人，是忽必烈的中书右丞、汉人卢世荣。公元1284年,中统宝钞发生了严重的通货膨胀。卢世荣临危受命,奉命整治钞法,向忽必烈提出钱钞兼行的方案,得到忽必烈的批准。卢世荣苦干四个月,他的改革措施侵害了蒙古贵族的利益。于是,卢世荣被抓进监狱。有人说,卢世荣在监狱里很费粮食,忽必烈就下令将卢世荣杀害,把他身上的肉割下来,喂了鸟和獭。于是,钱钞兼行的事情就没了下文。

公元1310年,发生了元武宗海山铸行铜钱并恢复前朝古钱流通的事情。

元之交钞、宝钞虽皆以钱为文,而钱则弗之铸也。武宗至大三年,初行钱法,立资国院、泉货监以领之。……明年,仁宗复下诏,以鼓铸弗给,新旧资用,其弊滋甚,与银钞皆废不行,所立院、监亦皆罢革,而专用至元、中统钞云。

元朝的交钞、宝钞虽然都是以铜钱的单位作为钞文,而铜钱却不曾铸造过。元武宗至大三年(公元1310年),开始铸行铜钱时,设立资国院、泉货监主管这项工作。……第二年,元仁宗又下诏,以冶铜铸钱不能保证供给数量,且新旧钱并行通用,其弊端更加严重,所以将铜钱和银钞皆废止不用,所设立的院、监也都撤销,而专用至元宝钞和中统宝钞两种纸币。

这里提到了两位皇帝——元武宗和元仁宗,他们是同父同母的兄弟。元武宗铸行铜钱一年之后就去世了,他的弟弟爱育黎拔力八达即位,是为元仁宗。这时候,货币多元化的弊病已经显现。所以,元武宗的钱钞兼行只实行了一年。元仁宗一上台就将新旧各类铜钱废黜,恢复了单一纸币制度。

公元1351年,元朝的最后一位皇帝元顺帝开始铸行"至正通宝"铜钱,同时印行中统交钞。这是元朝最后一次实行钱钞兼行。这次钱钞兼行的目的,是扩大货币发行量,解决财政用度不足的问题。此时,爆发了全国性农民大起义,朝廷需要收购军用物资,赏赐犒劳战士,所以大量发行货币。结果是货币泛滥,物价上涨了10倍。货币价值剧烈动荡,百姓不再使用货币,商品交换转向以物易物的方式,元朝的财政也就陷入无能为力的境地。

贯钞独行

单一纸币制度的观点是元朝的主流观点,其代表人物是忽必烈的户部员外郎胡祇遹。胡祇遹著有《紫山大全集》,其中《宝钞法》一章阐述了他关于单一纸币制度的主张。

贯钞独行，无他货以相杂也。一有他货以相杂，便有优劣轻重。铜钱与钞并行，是以他货相杂也。

纸币单独行使货币职能，没有其他货币并行流通。一旦有了其他货币并行流通，便出现了良币和劣币。铜钱与纸币并行流通，便是有了其他货币的并行流通。

胡袛遹主张单一纸币制度，他认为货币流通应当采取单一本位制度，不可采取复合本位制度。如果采取复合本位制度，必然会出现良币与劣币，人们储藏良币而抛出劣币，对货币的正常流通和稳定是极其不利的。在铜钱与纸币之间，胡袛遹主张使用纸币，不使用铜钱。他的理由是铸造铜钱成本高昂，铜钱流通也不如纸币方便，朝廷控制铜钱供给总量亦有困难。

远近交易，不若贯钞之便利，兼钞法通利，钱法必不能相胜，少铸则不能遍及天下，多铸则虚费工本，堆积而无用，徒杂乱钞法。货立二价，渐为不便。亡金风俗，积钱而不积钞，是以钞法屡变而屡坏，益以钱钞相杂，钱重钞轻。

各地商品交换,铜钱不如纸币方便。并且,纸币制度的利益很大,铜钱制度的利益不如纸币。铜钱铸造少了,不敷天下使用;铜钱铸造多了,浪费许多成本,堆积着没有用处,只是搅乱了纸币的流通。两种货币使商品出现两种价格,逐步产生矛盾,从而使商品交换不便。那个已经灭亡了的金朝的风俗是:百姓储藏铜钱而不储藏纸币,所以纸币流通规则频繁被迫改变又频繁出现问题,加上铜钱与纸币并行流通,铜钱的价值越来越高,纸币的价值越来越低。

胡祇遹的观点非常有道理,元朝从始至终基本上坚持了单一纸币制度。直到元朝末期,元顺帝启动钱钞兼行,铸造铜钱并滥发中统交钞,引发了严重的通货膨胀。

紧跟着,元朝就灭亡了。

宝钞终结

元朝宝钞制度的衰败,源于黄河决口的洪水。

公元1344年,黄河水暴涨,曹州白茅堤决口,黄河改道。洪水淹没了黄河两岸的大地,形成了方圆数千里的黄泛区,汪洋一望无际。沿河州县的百姓,先遇洪水,后遭瘟疫,死者过半。

公元1351年,朝廷任命贾鲁治河,组织了大量民工,疏浚旧河道。同时,贾鲁采用船堤障水法,运用黄河流水将许多装满石头的大船冲到决口处,令船工将大船凿沉,堵住了决口,将黄河水扭回旧河道。贾鲁治河是成功的,但是花费了大量的钱财。朝廷为此变更钞法,虚币敛财,解决财政用度不足的问题,当年就引发了严重的通货膨胀。百姓手里有钞也买不到足够的口粮,活不下去了。河工们带头造反,掀起了红巾军大起义。中原百姓唱起了一首歌谣:

堂堂大元,奸佞专权。
开河变钞祸根源,惹红巾千万。

遍地蜂起的农民起义军与蒙古军队浴血奋战。公元1368年,经历了十多年的战斗之后,朱元璋的军队攻入大都,元顺帝北逃上都,元朝灭亡。

元朝的宝钞制度结束了。但是,大明通行宝钞又使中国古代的纸币制度延续了数十年。

朱元璋推翻元朝统治,建立明朝,试图恢复秦汉唐宋铜钱流通的局面,所以在建国初期就铸行了“洪武通宝”铜钱。数年之后,铜钱流通总量不能满足商品经济发展的需要,朱元璋不得不下令发行大明通行宝钞,与铜钱并行流通。

大明通行宝钞发行太多了,很快就名存实亡。数十年后,到了公元 1436 年,明英宗诏令“驰用银之禁”,放开了中国古代禁止白银作为货币使用的禁令,白银一跃成为当时最主要的流通货币,大明通行宝钞正式退出市场流通。

从此,自北宋以来延续了 413 年的纸币流通制度终于宣告结束,退出了历史舞台。

第十八讲　制钱者,国朝钱也

制钱者,国朝钱也。

制钱指的是本国朝廷铸行的钱币。

在童年的记忆里,制钱是最小单位的铜钱,当时已经废止流通。记得大家用制钱扎毽子,几枚乾隆通宝叠在一起,找几支鸡毛插在钱眼儿里,用一小块儿棉布将铜钱裹好,用线绳缠紧,就是一支漂亮的毽子。制钱价值低下,在当时已经废止流通的金属货币中,铜元的价值比制钱大得多,价值更大的是银元。为什么要把这种小钱儿称作制钱,这里面还是有许多讲究的。

复兴铜钱

明朝出现了铜钱的复兴。

元朝禁止铜钱流通，实行单一纸币制度，用发行纸币的方式掠夺民间财富，遭到百姓普遍的憎恨。朱元璋推翻元朝统治，建立明朝，便要恢复秦汉唐宋铜钱流通的局面。

反元战争期间，朱元璋率领军队攻占集庆，改名应天，建立了稳固的根据地，并在此设置宝源局，铸行“大中通宝”钱。公元1368年，朱元璋称帝，定国号明，建元洪武，即铸行“洪武通宝”钱。

> 即位，颁“洪武通宝”钱，其制凡五等：曰“当十”、“当五”、“当三”、“当二”、“当一”。“当十”钱重一两，余递降至重一钱止。各行省皆设宝泉局，与宝源局并铸，而严私铸之禁。[1]

朱元璋即皇帝位后，颁行“洪武通宝”钱，其面值分为五等：称为“当十”“当五”“当三”“当二”“当一”。“当十”铜钱重量为1

〔1〕《明史》卷八一《食货五·钱钞》，中华书局1974年版，第1961页。

两,其余种类的铜钱重量依次递减,至 1 钱为止。各行省都设置了宝泉局,与宝源局同时铸钱,并严格禁止百姓私自铸钱。

朱元璋颁布洪武通宝钱制,主要内容有三点:一是洪武通宝的形制分为五等,分别铭文“当十”“当五”“当三”“当二”“当一”;其重量分别为 1 两、5 钱、3 钱、2 钱、1 钱,可谓“重如其文”;二是各行省设置宝泉局,与原有的宝源局并行铸钱;三是朝廷垄断铸造权,严禁百姓私自铸钱。

此时,大明朝廷并未确立“制钱”的概念,百姓日常生活中,古钱与洪武通宝钱并行流通;商贾贸易,则沿用元朝纸钞,很少使用铜钱。随着战争的渐渐平息,商品经济复苏,铜钱数量遂不能满足商品交换的需要。

洪武八年(公元 1375 年),明朝颁行大明通行宝钞,开始仿照元朝的办法实行纸币流通。商品交易支付,大额用纸币,小额用铜钱。

二十二年诏更定钱式:生铜一斤,铸小钱百六十,折二钱半之,“当三”至“当十”,準是为差。更造小钞,自十文至五十文。〔1〕

〔1〕《明史》卷八一《食货五·钱钞》,中华书局 1974 年版,第 1962~1963 页。

洪武二十二年(公元1389年),朱元璋再次诏令货币改制:生铜1斤,铸小钱160枚;铸"当二"钱80枚,铸"当三"钱至"当十"钱的数量,按照此标准依次递减。改印小钞,小钞面额从10文至50文不等。

此次货币改制,主要改变了过去百文以下商品交易只用铜钱的方式,增加了小额纸钞的品种,即用小额纸钞部分替代了铜钱的小额流通职能。对于铜钱制度,这次货币改制只是实行了铜钱"重如其文"的旧制。生铜1斤,即16两,1两10钱,共计160钱,铸造小钱160枚,每枚重量1钱。生铜1斤,铸造当二铜钱80枚,每枚重量2钱。以此类推,生铜1斤,铸造当十钱16枚,每枚重量1两。制度严谨,铜钱实际重量与铭文重量严格相符。

确立制钱

永乐九年(公元1411年),明成祖朱棣铸行"永乐通宝"钱,宣德九年(公元1434年),明宣宗朱瞻基铸行"宣德通宝"钱。此后,正统、景泰、天顺、成化四朝共计51年期间,明王朝没有铸行铜钱。

明朝前期铸造铜钱数量较少,商品交换主要采用大明通行宝钞。但是,大明通行宝钞自发行始,便出现了逐步贬值的趋势。宣德初年(公元1426年),大明通行宝钞贬值到发行初期价值的二十分之一。正统元年(公元1436年),明王朝解除银禁,白银跃为主要流通货币,大明通行宝钞贬值速度加快。成化年间(公元1465~1487年),大明通行宝钞的价值已经降到发行初期价值的千分之一,1贯宝钞法定价值1000文铜钱,到了此时还不值1文铜钱。至此,百姓已经很少使用大明通行宝钞。然而,白银作为主要流通货币,不利于封建王朝的统治。白银是称量货币,并不依靠朝廷的信用承担商品交换媒介职能,朝廷不能对白银货币定价,因此白银货币不能成为朝廷调控国民经济的手段。于是,明孝宗弘治元年(公元1488年),白银跃为主要流通货币52年之后,明王朝恢复了铜钱的铸造,并确立了"制钱"的概念。

弘治元年,京城税课司、顺天、山东、河南户口食盐,俱收钞,各钞关俱钱钞兼收。其后乃皆改折用银。而洪武、永乐、宣德钱积不用,诏发之,令与历代钱兼用。户部请鼓铸,乃复开局铸钱。凡纳赎收税,历代钱、制钱各收其半;无制钱即收旧钱,二以当一。制钱者,国朝钱也。[1]

---

〔1〕《明史》卷八一《食货五·钱钞》,中华书局1974年版,第1964~1965页。

明孝宗弘治元年(公元1488年),京城税课司,顺天、山东、河南的食盐供应,都实行收纸钞卖给食盐。各征收通过税的机关也是铜钱与宝钞兼收,其后才都改成折收银两。而洪武、永乐、宣德时期所铸的铜钱存积未用,此时便诏令将其投放流通,与历代铜钱并行流通。户部奏请铸造铜钱,于是又设局铸钱。凡是献纳、赎罪、税收,采用历代旧钱和制钱各收一半;没有制钱的也可收旧钱,2枚旧钱当1枚制钱使用。所谓制钱,就是指明朝当朝铸造的铜钱。

制钱终结

自秦始皇,"命为'制',令为'诏'"。[1] "制"是皇帝的命令,具有最高的法律效力。制钱即是法币,是法定流通的货币。

中国古代的铜钱,具有一定的信用货币性质,依靠朝廷的信用和法律的强制进入流通。既然铜钱代表朝廷的信用,大明王朝对本朝铸行的铜钱自然要承担责任,依法保护其流通。所以,纳、赎、收税、官府收支,必须接受本朝铸行的铜钱。对于前朝铸行的铜

〔1〕《史记》卷六《秦始皇本纪》,中华书局1959年标点本,第236页。

钱,大明王朝可以不负责任。但是,由于当时铜钱流通数量较少,不敷使用,明朝法律允许前朝旧钱与本朝新钱并行流通。弘治元年(公元1488年),为了提高本朝铸行铜钱的法律地位,旧钱的法定价值被打折扣,只值本朝铸行铜钱一半的价值。

尽管制钱的概念至明代中期开始出现,但是它包含了大明王朝各个时期铸行的所有铜钱,不仅包括弘治年间之后朝廷铸行的铜钱,还包括明朝前期自洪武以来各个时期铸行的铜钱。

明朝的制钱制度,延续到清朝覆灭为止。明清两代铜钱法律制度的主要特点,就是强调本朝铸造铜钱的法定货币地位,保护本朝铸造铜钱的流通能力和流通价值。

明朝灭亡之后,清朝继续实行制钱流通制度,清王朝铸行的铜钱就被称为制钱。但是,白银作为主要流通货币的地位已经不可扭转,并形成烦琐复杂的银两货币制度。清王朝铸行的铜钱主要作为日常生活小额支付之用。清代后期,西方列强的政治、经济、文化入侵,打破了清王朝因循守旧的局面,社会矛盾日益激化,终于爆发了太平天国的大规模起义。为助军用,清王朝于咸丰三年(公元1853年)铸行当百、当千等虚币大钱,引发了民间大规模的盗铸。于是,钱法大乱,制钱制度遭受了最后一次致命的打击,从此一蹶不振。

外国银元的渗入,促进了中国民间仿铸银元的流通。清代末年,清王朝终于开始采用机器制造银元和铜元。于是,银元和铜元迅速充斥市场,制钱的货币地位继续下降。不久,清王朝灭亡,中华民国成立,制钱便彻底地退出了流通。

第十九讲　驰用银之禁

驰用银之禁。

放开禁止白银作为货币使用的法令。

白银货币

中国自古法律禁止白银作为货币使用。秦始皇统一中国，便下令在全国范围禁止白银作为货币使用。

黄金以溢名，为上币；铜钱识曰半两，重如其文，为下币。而珠玉、龟贝、银锡之属为器饰宝藏，不为币。然各随时而轻重无常。

黄金以“溢”为单位，称为上币；铜钱铭文“半两”，重量与文字向符合，称为下币。而珠玉、龟贝、银锡之类的东西，作为装饰品或宝藏品，不是货币，各自的价值随市场价格变化而变化。

到了唐朝，白银仍被用作宝藏手段，不能用作货币，铜钱和布帛才是货币。《唐六典》云：“金银之属谓之宝，钱帛之属谓之货。”宋朝经济达到中国古代商品经济的顶峰，白银呈现货币化的趋势。但是好景不长，蒙古人的入侵斩断了中国古代商品经济的发展，白银又一次被严令禁止作为货币使用。

元朝实行单一纸币制度，禁止金银及铜钱作为货币使用。朱元璋建立明朝，发行大明通行宝钞，比照元朝的办法，禁止百姓使用金银作为货币，违反者要被治罪。《明史 · 食货五 · 钱钞》云：

禁民间不得以金银物货交易，违者罪之；以金银易钞者听。

禁止百姓用金银物货进行交易，违反者要被治罪，用金银换纸币则可以。

明朝中期，大明通行宝钞发生了严重的通货膨胀，同时铜钱总量较少，不能满足市场需求，于是朝廷不得不解除银禁，允许百姓使用白银交易，以救货币危局。正统元年（公元 1436 年），明英宗下令放开禁止白银作为货币使用的法令。

英宗即位,收赋有米麦折银之令,遂减诸纳钞者,而以米银钱当钞,弛用银之禁。朝野率皆用银,其小者乃用钱,惟折官俸用钞,钞壅不行。

明英宗即位后,征收赋税中有对粮食折收银两的命令,于是减少了各种纳钞的规定,而以米、银、钱替代大明通行宝钞,放开禁止白银作为货币使用的法令。朝廷、百姓都使用银两交易,价值小的商品用铜钱交易,只有官员俸禄折发宝钞,宝钞积压不能流通。

明英宗就是那个在土木堡被瓦剌人活捉的皇帝,后来被放回来,夺门之变复辟帝位,是个非常有故事的皇帝。明英宗不仅解除了银禁,而且还将南畿、浙江、江西、湖广、福建、广东、广西等地的四百多万石田赋米麦折征银两,即所谓"金花银"。从此,白银成为法定的税收货币。

银两制度

明英宗解除银禁,于是朝野皆用白银,白银的货币功能迅速提升。到了嘉靖四年(公元1525年):

钞久不行,钱已大壅,益专用银矣。

这时大明通行宝钞长期不能流通,铜钱流通也受阻,就更加专一使用银两。

在此期间,官俸军饷,税赋征收各项,由收支钱钞逐步转为收支白银。明世宗嘉靖八年(公元1529年),户部尚书李瓒应诏报告仓场六事。其中一事为:

各处解到库银率多细碎,易起盗端。乞行各府州县,今后务将成锭起解,并记年月及官吏、银匠姓名。

各地方押解送往库府的白银大多散碎,容易被盗取。请行文到各地方官府,今后必须将碎银熔铸成锭,并铭文铸造年月、负责官员及银匠的姓名。

嘉靖皇帝批准了李瓒的建议,命令地方解送京师的银两都要倾注成锭,并铭文铸造年月、负责官员及银匠的姓名。

从此,银两有了规定的成色、重量和单位,又定为纳税货币和朝廷财政收支的计算单位。至此,银两货币制度正式确立。

明神宗万历九年(公元1581年),明王朝实行一条鞭法,使白银货币流通更为繁盛。

一条鞭法的核心内容是赋役合并、正杂统筹、计亩徵银。一条鞭法计亩收银,强化了白银作为主要流通货币的作用,使得银两货币制度得到进一步的巩固。一条鞭法化繁为简,纳税人无法确切知道所纳何税,该纳多少,所以给收税官带来了作弊的机会。同时,朝廷增税方法也得到简化,只说亩增若干,即可获得所需财赋。所以,万历中后期频繁发动战争,肆意增派税赋,很快就引发了声势浩大的农民起义。万历皇帝去世后20余年,李自成的农民起义军就攻进北京,大明王朝土崩瓦解。

明清之际的三大思想家黄宗羲、顾炎武、王夫之都将明朝的灭亡、外族的入主,归罪于白银的流通。黄宗羲认为用银为天下之大害,“后之圣王而欲天下安富,其必废金银乎”。顾炎武认为计亩征银是“穷民之根，匮财之源，启盗之门”。王夫之认为用银“使天下之害不可讫”，“奸者逞，愿者消，召攘夺而弃本务，饥不可食，寒不可衣，而走死天下者，唯银也”。

然而，无论思想家们如何透过现象看本质，如何感慨世人的浅薄，社会还是不以人们意志为转移地跌宕起伏地演变着。白银已经成为主要流通货币，银两货币制度日益成熟。及至清朝，银两货币制度就更加巩固，成为天经地义的货币制度。

爆发银荒

明英宗解除银禁，白银便成为主要的流通货币。一百多年之后，白银的流通总量逐步不敷使用了。

万历九年(公元1581年)，张居正改革，推行“一条鞭法”，采用“计亩征银”，使得民间白银大量流入朝廷。然而，银荒的正式爆发，并不在张居正改革时期，而是在明朝末年的战争时期。

张居正死后，明王朝成功地发动了三次大规模的战争，史称万历三大征。万历二十年(公元1592年)，明王朝发动了平定银川哱拜叛乱的战争；万历二十年至二十一年(公元1592～1593年)以及万历二十五年至二十六年(公元1597~1598年),明王朝发动了援朝抗倭的战争;万历二十七年至二十八年(公元1599~1600年),明王朝发动了平定播州(今贵州省遵义地区)宣慰司使杨应龙叛乱的战争。

万历年间,明王朝还进行了两场边疆战争:一是万历十一年至三十四年(公元1583~1606年)的明缅战争;二是万历四十七年(公元1619年)的征辽战争。这两场战争。明朝军队都处于败势。特别是征辽战争,明军惨败于萨尔浒。

战争不断,白银价格逐步上涨。从整个明代的白银价格来看,明代初期1两白银价格1000文铜钱,明代中期降至700~800文铜钱,明代中、后期降至300~500文铜钱。万历年间,援朝抗倭战争之后,白银价格开始回升至500~600文铜钱。

频繁持久的战争和越来越多的税赋,搞得民不聊生。崇祯元年(公元1628年),声势浩大的农民起义终于爆发了。此时,白银的价格已经上升至每两1200文铜钱。为了辽东的战争,明王朝开始征收“辽饷”,为了剿灭农民起义,明王朝开始征收“剿饷”,为了组织民团军事力量,明王朝开始征收“练饷”。大明王朝的经济已经濒临崩溃,御史郝晋上言:

万历末年,合九边饷止二百八十万。今加派辽饷至九百万。剿饷三百三十万,业已停罢,旋加练饷七百三十余万。自古有一年而括二千万以输京师,又括京师二千万以输边者乎?

万历末年,合计九边镇的税赋加派只有二百八十万两。现在加派的辽饷一项就达到九百万两。剿饷三百三十万两,已经停止征收。但随后又加派练饷七百三十余万两。自古以来,哪有在一年之内就从全国征收二千万两白银入京,又从京城将二千万两白银输送到边镇的呢?

郝晋的意见很有道理,但是由于时局危急,朝廷没有理睬郝晋,继续大规模征收白银。于是,银荒正式爆发。

面对严重的货币危机,大明王朝束手无策,直至灭亡。

第二十讲　兵丁之领钞者难于易钱市物

兵丁之领钞者难于易钱市物，商贾之用钞者难于易银置货。

领到宝钞的军人难以用宝钞换得铜钱在市场上购买物品；使用宝钞的商人难以用宝钞换得白银来置办商货。

这条史料出自清朝咸丰年间户部右侍郎王茂荫的《条陈钞法窒碍难行折》。王茂荫的这个条陈，主要针对当时钞票流通中的问题向朝廷提出对策，结果受到朝廷的严厉申斥。

道光三十年(公元1850年)，道光皇帝去世，他的儿子奕詝即位，是为清文宗，就是大家常说的咸丰皇帝。人们更加熟悉的慈禧太后，就是咸丰皇帝的懿贵妃，此时还没有进宫。咸丰皇帝刚登基，就爆发了太平天国的金田起义。咸丰皇帝在位十一年，清朝的军队与太平军的战争一直在继续。战争造成清王朝财税枯竭，为解决朝廷费用不足的问题，咸丰皇帝不得不发行了两种官方纸币，一种代表铜钱流通，称为宝钞；另一种代表白银流通，称为银票，两者的统称便是“钞票”。

钞币刍议

大清朝的皇族是爱新觉罗氏。爱新觉罗氏领导的明末女真民族，是宋代女真的后裔。

宋代女真击灭北宋，建立了金朝，曾发行纸币交钞。金朝的纸币交钞，曾发生严重的通货膨胀，导致经济崩溃，影响了金朝的统治基础。明朝末年，爱新觉罗氏率领女真民族攻入中原，建立了清王朝。接受金朝交钞失败的教训，清王朝基本上不发行纸币。但是，这期间里也有例外，一是清朝初期顺治八年至十八年，清王朝曾发行纸币，每年发行约十二万贯；二是清朝晚期咸丰三年至十一年，清王朝再次发行纸币，即发行了宝钞和银票。

清王朝历来反对发行纸币，但是就在太平天国战争爆发之前，朝廷财政已经出现了严重的危机，并且外国的洋钱已经大量流入中国，所以嘉庆朝和道光朝都有大臣奏请皇帝批准发行纸币。

嘉庆十九年（公元1814年），侍讲学士蔡公定奏请朝廷行用纸币以解财政之危，被朝廷指责“妄言乱政，交部议处”。

道光十七年（公元1837年），王瑬在《钞币刍议》中提出发行纸币并禁止白银流通。他的主要观点：一是钞票在朝廷统治之下，可以无限制地发行，“以它物为币皆有尽，惟钞则无尽”；二是万物之利权收之于上，布之于下，则皇权有绝对权威；三是外洋不得以其币行于中国。

王瑬的《钞币刍议》发表之后，他的朋友包世臣写信给他，赞成发钞的主张。但是，在发行数量上，包世臣主张逐步增加，总量控制。在最初的几年里，朝廷每年发行纸币的数量不得超过税收钱粮的半数。几年以后，朝廷发行纸币的数量可以达到一年税收钱粮数量的两倍。待纸币发行总量足够百姓使用了，朝廷就可以不再增发。

但是，这些建议都没有被朝廷采纳。

发行钞票

咸丰元年（公元1851年）一月，洪秀全在金田起义，建号太平天国，清王朝立刻派兵镇压，战争从此开始。战争造成朝廷财政开支紧张,许多大臣建议发行纸币以解危急。

就在太平天国战争爆发的当年,陕西道监察御史王茂荫上书咸丰皇帝《奏请行钞并胪陈钞法十条折》。王茂荫的发钞主张十分谨慎,发行限额数量较小,并实行可兑现办法。根据王茂荫的办法,纸币与白银并行流通,以纸币辅助白银,因此并不能解决清王朝战时的财政困难。所以,朝廷没有采纳王茂荫的建议。

咸丰二年(公元1852年),太平天国战争爆发一年多了,福建巡抚王懿德奏请朝廷发行纸币以济军需,朝廷还是以"该抚所请改钞法之说,应毋庸议"作为答复,但口气已经比前一年缓和了许多。同年九月,左都御史花沙纳奏请朝廷发行纸币,又被王大臣等会同户部议驳,认为"与其用久未奉行之法而收效稽迟,不如就以前本有之财力以力图周转"。

咸丰三年(公元1853年),太平天国战争已经持续两年多了,东南富庶地区已经被太平军占领,清王朝财税枯竭,咸丰皇帝谕令户部认真研究发行纸币事宜,尽快实施。当年五月,清王朝开始印制银票,由花沙纳和王茂荫会同户部堂官主持此事。

银票亦称官票,用高丽纸印制,代表白银流通,可以按照一定比例支付官府各项税课捐项,最初发行有一两、五两、十两和五十两四种,每次发行限额比照顺治八年的制度,为十二万两。银票上端写有满汉两种文字“户部官票”，中间竖文代表白银的数量，右边是银票标号，左边是发行日期。

当年十一月，清朝廷颁行钱钞章程，钱钞与银票并行流通。钱钞又称宝钞，代表铜钱流通，最初发行有五百文、一千文、一千五百文和两千文四种，可以按照一定比例支付各种税课捐项，钱钞两千文抵换官票银一两。

通行窒碍

咸丰三年（公元1853年）十一月，清王朝规定银票和宝钞作为朝廷财政收支的工具，与白银或铜钱搭配使用，搭配比例皆以五成为限。搭收搭放办法公布之后，由于钞票通行窒碍，首先遭到军方的反对，其后又遭到河工的反对，商贾们对于这种不能兑现的官方纸币流通更是多有微词。

咸丰四年（公元1854年）三月，王茂荫上《条陈钞法窒碍难行折》指出宝钞流通中的问题：“兵丁之领钞者难于易钱市物，商贾之用钞者难于易银置货。”王茂荫不仅提出了问题，还提出了解决问题的办法，即允许钞票兑换铜钱或白银。使王茂荫名扬天下的，不是他奏请朝廷允许纸币兑现,而是他自请议处。王茂荫发现纸币流通中问题很多:军人领取军饷纸币却很难使用,所以怨声载道;商人们因纸币流通而遭受了许多损失,更是怀恨在心。王茂荫因为当初主张朝廷发行纸币,所以自认是这困境的始造俑者,向朝廷自请处分,以谢天下。咸丰皇帝见了王茂荫的奏折大发雷霆,下谕内阁,将王茂荫大骂一通。这件事闹得满城风雨,以致驻北京的俄国公使馆写了一篇《关于中国的调查研究》,传到欧洲各国。马克思在《资本论》中援引了这段文字:

清朝户部右侍郎王茂荫向天子上了一个奏折,主张暗将官票宝钞改为可兑现的钞票。在1854年4月的大臣审议报告中,他受到严厉申斥。他是否因此受到笞刑,不得而知。审议报告最后说:"臣等详阅所奏……所论专利商而不便于国。"

审议报告认定王茂荫的主张只利于商人而不利于国家。

咸丰皇帝发行的钞票,不仅限于京城及附近省份流通,而且向全国推广。但是,这种推广遭到了地方官府的抵制,直到咸丰四年(公元1854年),朝廷关于开设官钱局、推行官票的旨令仅被福建、山西和陕西三省执行。咸丰皇帝严词切责,各省却违令如故。

各级官府在向百姓征收税赋时，只收铜钱和白银，不收钞票，上缴朝廷时，低价从百姓手里收买钞票，按五成搭配铜钱和白银上缴。因此，钞票迅速贬值。

咸丰十年（公元 1860 年），银票一两仅值二百文铜钱，实银值钱六千有余，银票的价值已经贬值到实银的 3%。这一年，第二次鸦片战争爆发，英法联军攻入北京，火烧圆明园，咸丰皇帝逃往热河。

咸丰十一年（公元 1861 年），宝钞也大幅度贬值，跌价到仅值面值的百分之三，不久便停止了流通。这一年，咸丰皇帝病死在热河行宫。

同治元年（公元 1862 年），朝廷批准户部的奏折，朝廷财政收入停止收取钞票。

附录:中国古代货币法史料范例

一、秦《金布律》

原文

[第一条]官府受钱者,千钱一畚,以丞、令印印。不盈千者,亦封印之。钱善不善,杂实之。出钱,献封丞、令,乃发用之。百姓市用钱,美恶杂之,勿敢异。

[第二条]布袤八尺,福(幅)广二尺五寸。布恶,其广袤不如式者,不行。

[第三条]钱十一当一布。其出入钱以当金、布,以律。

[第四条]贾市居列者及官府之吏,毋敢择行钱、布;择行钱、布者,列伍长弗告,吏循之不谨,皆有罪。

[第五条]有买及买(卖)殹(也),各婴其贾(价);小物不能各

一钱者,勿婴。

[第六条]官相输者,以书告其出计之年,受者以入计之。八月、九月中其有输,计其输所远近,不能逮其输所之计,□□□□□□□移计其后年,计毋相缪。工献输官者,皆深以其年计之。

[第七条]都官有秩吏及离官啬夫,养各一人,其佐、史与共养;十人,车牛一两(辆),见牛者一人。都官之佐、史冗者,十人,养一人;十五人,车牛一两(辆),见牛者一人;不盈十人者,各与其官长共养、车牛,都官佐、吏不盈十五人者,七人以上鼠(予)车牛、仆,不盈七人者,三人以上鼠(予)养一人;小官毋(无)啬夫者,以此鼠(予)仆、车牛。豤生者,食其母日粟一斗,旬五日而止之,别㔷以叚(假)之。

[第八条]有责(债)于公及赀、赎者居它县,辄移居县责之。公有责(债)百姓未赏(偿),亦移其县,县赏(偿)。

[第九条]百姓叚(假)公器及有责(债)未赏(偿),其日踐以收责之,而弗收责,其人死亡;及隶臣妾有亡公器、畜生者,以其日月减其衣食,毋过三分取一,其所亡众,计之,终岁衣食不踐以稍赏(偿),令居之,其弗令居之,其人[死]亡,令其官啬夫及吏主者代赏(偿)之。

［第十条］县、都官坐效、计以负赏(偿)者,已论,啬夫即以其直(值)钱分负其官长及冗吏,而人与参辨券,以效少内,少内以收责之。其入赢者,亦官与辨券,入之。其责(债)毋敢隃(逾)岁,隃(逾)岁而弗入及不如令者,皆以律论之。

［第十一条］官啬夫免,复为啬夫,而坐其故官以赀赏(偿)及有它责(债),贫窭毋(无)以赏(偿)者,稍减其秩、月食以赏(偿)之,弗得居;其免殹(也),令以律居之。官啬夫免,效其官而有不备者,令与其稗官分,如其事。吏坐官以负赏(偿),未而死,及有罪以收,抉出其分。其已分而死,及恒作官府以负责(债),牧将公畜生而杀、亡之,未赏(偿)及居之未备而死,皆出之,毋责妻、同居。

［第十二条］县、都官以七月粪公器不可缮者,有久识者靡蚩之。其金及铁器入以为铜。都官输大内,内受买(卖)之,尽七月而毕。都官远大内者输县,县受买(卖)之。粪其有物不可以须时,求先买(卖),以书时谒其状内史。凡粪其不可买(卖)而可以为薪及盖蘙者,用之;毋(无)用,乃燔之。

［第十三条］传车、大车轮,葆缮参邪,可殹(也)。韦革、红器相补缮。取不可葆缮者,乃粪之。

［第十四条］受衣者,夏衣以四月尽六月稟之,冬衣以九月尽十一月稟之,过时者勿稟。后计冬衣来年。囚有寒者为褐衣。为幪布

一,用枲三斤。为褐以禀衣:大褐一,用枲十八斤,直(值)六十钱;中褐一,用枲十四斤,直(值)卌六钱;小褐一,用枲十一斤,直(值)卅六钱。已禀衣,有余褐十以上,输大内,与计偕。都官有用□□□□其官,隶臣妾、舂城旦毋用。在咸阳者致其衣大内,在它县者致衣从事之县。县、大内皆听其官致,以律禀衣。

[第十五条]禀衣者,隶臣、府隶之毋(无)妻者及城旦,冬人百一十钱,夏五十五钱;其小者冬七十七钱,夏卌四钱。舂冬人五十五钱,夏卌四钱;其小者冬卌四钱,夏卅三钱。隶臣妾之老及小不能自衣者,如舂衣。亡、不仁其主及官者,衣如隶臣妾。[1]

译文

第一条:官府收入钱币,一千枚半两钱装在一个编织袋里,用丞、令官员的官印封缄。钱数不满一千枚的,也应当封缄。钱的质量好的和不好的,应当装在一起。付出钱时,要把印封呈献丞、令验视,然后启封使用。百姓在交易商品使用钱币时,钱币质量好坏,要混在一起使用,不准对好坏钱币进行选择。

第二条:作为货币的“布”,法定长度八尺,幅宽二尺五寸。

〔1〕 睡虎地秦墓竹简整理小组:《睡虎地秦墓竹简》,文物出版社 1977 年版,第 55 ~68 页。

“布”的质量不好,长宽不符合法定标准的,不得作为货币流通。

第三条:十一枚半两钱折合一个单位的布。如果用半两钱来折合黄金或布进行收付,其折算比率应当按照法律的规定。

第四条:市肆中的商贾和官家府库的吏,都不准对半两钱和布币这两种法定流通的货币有所选择;有选择使用的,列伍长不告发,吏检察不严查,都有罪。

第五条:有物品卖,应分别系籤标明价格。小件物品每件价值不到一钱的,不必系籤标明价格。

第六条:官府输送物品,应以文书记载其输出的年份,接受者按收到的时间记账。如在八月、九月输送,估计所运处所的距离,不能赶上所运处所的年度结账,就改计入下一年账内,双方账目不要矛盾。工匠向官府上缴产品,都应切实按其产年记账。

第七条:都官的有秩吏及其分支机构的啬夫,每人分配做饭的一人,他们的佐、史与他们公用这个做饭的人;每十人,分配牛车一辆,看牛的一人。都官的佐、史人数多的,每十人分配做饭的一人,每十五人,分配牛车一辆,看牛的一人;不满十人的,各自与他们的官长共用做饭的和牛车。都官的佐、史不满十五人的,七人以上分配牛车和赶车的仆,不满七人的,三人以上分配做饭的一人,不设啬夫的小机构,按此标准配予赶车的和牛车。牛产仔困难,每天饲给母牛谷一斗,至十五天截止,分开喂养给其休息。

第八条:欠官府债和被判处赀、赎者住在另一县,应即发文给所住的县,由该县负责索缴。官府欠百姓的债而未偿还,也应发文书给百姓所在的县,由该县偿还。

第九条:百姓借用官府器物或欠债未还,时间足够收回,而未收回,该债务人死亡的,令该官府啬夫和主管其事的吏代为赔偿。隶臣妾有丢失官府器物或牲畜的,应从丢失之日起按月扣除隶臣妾的衣食,但不能超过衣食的三分之一,若所丢失过多,算起来隶臣妾整年衣食都不够全部赔偿,应令隶臣妾劳役抵债,如果不令隶臣妾劳役抵债,该人死亡,令该官府啬夫和主管其事的吏代为赔偿。

第十条:县、都官在点验或会计中有罪而应赔偿者,经判处后,有关官府啬夫即将其应偿钱数分摊其官长和群吏,发给每人一份木制三联券,以便向少内缴纳,少内凭券收取。如有盈余应上缴的,也由官府发给木制三联券,以便上缴。欠债不得超过当年,如超过当年仍不缴纳,以及不按法令规定缴纳的,均依法论处。

第十一条:机构的啬夫免职,以后又任啬夫,由于前任时有罪应缴钱财赔偿,以及有其他债务,而贫困无力偿还的,应分期扣除其俸禄和口粮作为赔偿,不得令他服劳役以抵偿损失;如已免职,则应依法令他服劳役以抵偿损失。机构的啬夫免职,点验其所管物资而有不足数的情形,应令他和他属下的小官按各自所负责任分担。吏由于官的罪责而负欠,尚未分担而死去,以及有罪而被捕,应免去其所分担的一份。如已分担而死去,以及为官府经营手工业而负债,或放牧官有牲畜而将牲畜杀死、丢失,尚未偿还及服劳役以抵偿损失未能完成而死去,都可免除,不必责令其妻和同居者赔偿。

第十二条:各县、都官在七月处理已经无法修理的官有器物,器物上有标识的应加磨除。铜器和铁器要上缴作为金属原料。都官所处理的器物应运交大内,由大内收取变卖,至七月底处理完毕。都官距大内路远的运交给县,由县收取变卖。处理时如有物品不能拖延时间,要求先卖,应以文书将其情况及时报告内史。所处理物品如无法变卖而可以作为薪柴和盖障用的,仍应使用;无法用的,始得烧毁。

第十三条:载人的车或载重的车的轮子,可修理其歪斜不正者,就要修理。皮革或织物制造的物品,坏了可以互相拆兑修补。已经不能修理的,才可以处理掉。

第十四条:发放衣服的人,夏衣从四月到六月底发给,冬衣从九月到十一月底发给,过期不领的不再发给。冬衣应记在下一年账上。囚犯寒冷无衣,可做褐衣。做幪布一条,用粗麻三斤。做发放用的褐衣;大褐衣一件,用粗麻十八斤,值六十钱;中褐衣一件,用粗麻十四斤,值四十六钱;小褐衣一件,用粗麻十一斤,值三十六钱。发放过衣服以后,剩余褐衣十件以上,应送交大内,与每年的账簿同时缴送。都官有用□□□□其官,隶臣妾、舂城旦不得用。在咸阳服役的,凭券向大内领衣;在其他县服役的,凭券向所在的县领衣。县或大内都按照其所属机构所发的券,依法律规定发给衣服。

第十五条:领取衣服的人,隶臣、府隶中没有妻子的以及修城墙的罪人,冬季每人按一百一十枚半两钱的标准给衣,夏季五十五枚半两钱;其中未成年者,冬季七十七枚半两钱,夏季四十四枚半两钱。舂米的女罪人,冬季每人五十五枚半两钱,夏季四十四枚半两钱;其中未成年者,冬季四十四枚半两钱,夏季三十三枚半两钱。隶臣妾属于老、小,不能自备衣服的,按舂的标准给衣。逃亡或冒犯主人、官长者,按隶臣妾的标准给衣。

二、司马迁记述古代货币制度

原文

虞夏之币,金为三品,或黄,或白,或赤;或钱,或布,或刀,或龟贝。及至秦,中一国之币为(三)[二]等,黄金以溢名,为上币;铜钱识曰半两,重如其文,为下币。而珠玉、龟贝、银锡之属为器饰宝藏,不为币。然各随时而轻重无常。[1]

译文

虞朝和夏朝的货币,金可分为三种:黄金、白金、赤金;又有钱、刀、布及龟贝。到了秦朝,把全国的货币统一为三(二)等,黄金以溢为单位,称为上币;铜钱铭文"半两",重量与文字向符合,称为下币。而珠玉、龟贝、银锡之类为装饰品或宝藏品,不是货币,各自的价值随市场价格变化而变化。

三、汉《二年律令·钱律》

原文

[第一条]钱径十分寸八以上,虽缺铄,文章颇可智,而非殊折及铅钱也,皆为行钱。金不青赤者,为行金。敢择不取行钱、金者,罚金四两。

---

〔1〕《史记》卷三〇《平准书》,中华书局1959年标点本,第1442页。

[第二条]故毁销行钱以为铜、它物者,坐臧为盗。

[第三条]为伪金者,黥为城旦舂。

[第四条]盗铸钱及佐者,弃市。同居不告,赎耐。正典、田典、伍人不告,罚金四两。或颇告,皆相除。尉、尉史、乡部、官啬夫、士吏、部主者弗得,罚金四两。

[第五条]智人盗铸钱,为买铜、炭,及为行其新钱,若为通之,与同罪。

[第六条]捕盗铸钱及佐者死罪一人,予爵一级。其欲以免除罪人者,许之。捕一人,免除死罪一人,若城旦舂、鬼薪白粲二人,隶臣妾、收入、司空三人以为庶人。其当刑未报者,勿刑。有復告者一人身,毋有所与。诇告吏,吏捕得之,赏如律。

[第七条]盗铸钱及佐者,智人盗铸钱,为买铜、炭、及为行其新钱,若为通之,而能颇相捕,若先自告、告其与,吏捕颇得之,除捕者罪。

[第八条]诸谋盗铸钱,颇有其器具未铸者,皆黥以为城旦舂。智为及买铸钱具者,与同罪。[1]

---

〔1〕 张家山二四七号汉墓竹简整理小组:《张家山汉墓竹简·二年律令·钱律》,文物出版社2006年版,第35~36页。

译文

第一条:铜钱直径达到零点八寸及以上,虽有磨损,铭文可辨,而不是断碎或铅钱,就是行钱,即法定流通的铜钱。金不是青色或红色的伪金,就是行金,即法定流通的黄金。拒绝接受法定流通的铜钱或法定流通的黄金的人,应当受到处罚,罚金四两。

第二条:故意销毁法定流通的铜钱,将其熔为铜材或制造成其它铜器物品者,要按"盗"的罪名治罪。

第三条:对伪造黄金者,处罚为脸上刺字并罚做城旦舂的劳役。

第四条:盗铸铜钱者和协助盗铸铜钱者,一律处以死刑。同居不向官府告发,罚款并剃去鬓须。主管官员正典和田典,或伍人连坐者不向官府告发,罚金四两。上述人员若向官府告发,便免除对他们的处罚。上级相关官员,尉、尉史、乡部、官啬夫、士吏、部主等未能及时察觉,罚金四两。

第五条:知道某人盗铸钱,却帮助他买铜材料、炭,或帮助他将盗铸的铜钱投入市场流通,与其伙同犯罪,与盗铸的人同罪,也是判处死刑。

第六条:捕获犯了死罪的盗铸钱者一人、或协助盗铸钱者一人,爵位提高一级。若他不要求提高爵位,而要求豁免罪人,也应许可。捕获犯了死罪的盗铸钱者1人或协助盗铸钱者1人,可豁免死罪1人;或豁免城旦舂、鬼薪白桀2人;或豁免隶臣妾、收入、司空3人,使他们成为自由人。在这种情况下,判处行刑尚未执行者,免其行刑。免除未参与犯罪的告发者一人的赋税。探得消息,告到官府,官府将犯罪者捕获,按照律令奖赏告发者。

第七条:盗铸钱者、协助盗铸钱者、知道有人盗铸钱而为其购买铜材、炭者、将盗铸的钱投入市场流通,与其伙同犯罪者,若能协助官府捕捉其他犯罪者,或率先自首并告发同伙,协助官府捉到同伙犯法者,即能除罪。

第八条:谋划盗铸铜钱,已经准备了器具,但并没有铸造者,处罚为脸上刺字并罚做城旦舂的劳役。知道某人谋划盗铸铜钱,帮助该人购买铸钱器具者,同罪处罚。

四、唐宪宗诏令选段

原文

泉货之法,义在通流。若钱有所壅,货当益贱。故藏钱者得乘人之急,居货者必损己之资。今欲著钱令以出滞藏,加鼓铸以资流布，使商旅知禁，农桑获安，义切救时，情非欲利。若革之无渐，恐人或相惊。应天下商贾先蓄见钱者，委所在长吏，令收市货物，官中不得辄有程限，逼迫商人，任其货易，以求便利。计周岁之后，此法遍行，朕当别立新规，设蓄钱之禁。所以先有告示，许有方圆，意在他时行法不贷。〔1〕

译文

货币的作用，意义在于促进货物流通。如果钱币积滞，货物就会更贱。于是，贮藏钱币的人就会趁人家困难急迫的时候来侵害他们的利益，积存货物的人就一定要亏损自己的资金。现在，一方面要申明关于蓄钱的禁令，使百姓积藏的钱币拿出来使用；另一方面，要增加铸钱，以应对货物流通的需要。由此，使商人行旅知道禁令，农桑民户得以安心，其本意是出于补救当前局势的急需，动机不是为了牟利。如果改革不是逐步地进行，深恐百姓会互相惊扰。全国商人凡原先贮藏现钱的，委派当地长官命令他们将钱收购货物，官府不得任意规定期限以逼迫商人，听凭他们买卖，以求便利。预计一年之后，这种办法普遍施行，朕当另行制定新的法规，设立禁止蓄藏铜钱的法令。目前预先告示天下，允许酌情权益

---

〔1〕《旧唐书》卷四八《食货上》，中华书局 1975 年版，第 2101～2102 页。

办理,用意在于它日正式实行法令时,对违犯者就不予宽贷了。

原文

近日布帛转轻,见钱渐少,皆缘所在壅塞,不得通流。宜令京城内自文武官僚,不问品秩高下,并公郡县主、中使等,下至士庶、商旅、寺观、坊市,所有私贮见钱,并不得过五千贯。如有过此,许从敕出后,限一月内任将市别物收贮。如钱数较多,处置未了,任于限内于地界州县陈状,更请限。纵有此色,亦不得过两箇月。若一家内别有宅舍店铺等,所贮钱并须计用在此数。其兄弟本来异居曾经分析者,不在此限。如限满后有违犯者,白身人等,宜付所司,决痛杖一顿处死。[1]

译文

近日来布帛价格转贱,现钱渐少,都因为当地铜钱积滞,不能流通。应令京城内上自文武官员,不问爵禄高低,以及公郡县主、中使等,下至士人、平民、商旅、寺观、坊市,所有私藏现钱,一律不得超过五千贯。如超过此数,准于命令发出后,限一个月内听凭购买其他物品收藏。若有人钱数较多,处理不了,听凭于限期内向当

[1] 《旧唐书》卷四八《食货上》,中华书局1975年版,第2103~2104页。

地州县报告,再请展期。但即使有此种情况,亦不得超过两个月。如一家内另有宅舍店铺等,所藏现钱,一律要算在这个数目内。至于兄弟曾经分产本来不在一处居住的,不在此限。限期届满后如有违犯者,平民应交所管部门,判处痛杖一顿后处死。

五、元《行用至元钞法》

原文

至元二十四年三月,尚书省奏奉圣旨,定到至元宝钞通行条画,开具于后:

[第一条]至元宝钞一贯,当中统宝钞五贯,新旧并行,公私通用。

[第二条]依中统之初,随路设立官库,买卖金银,平准钞法,私相买卖并行禁断。每花银一两,入库官价至元宝钞二贯,出库二贯五分。白银各依上买卖。课银一定,官价宝钞二定,发卖宝钞一百二贯五百文。赤金每两价钞二十贯,出库二十贯五百文。今后若有私下买卖金银者,许诸人首告,金银价直没官,于内一半付告人充赏,仍于犯人名下征钞二定,一就给付。银一十两、金一两以下,

决杖五十七下。银一十两、金一两以上,决杖七十七下。银五十两、金一十两以上,决杖九十七下。

[第三条]民间将昏钞赴平准库倒换至元宝钞,以一折五,其工墨钱止依旧例,每贯三分。客旅买卖,欲图轻便,用中统宝钞倒换至元宝钞者,以一折五,依数收换。各道宣慰司、按察司、总管府常切体究禁治,毋致势要之家并库官人等自行结揽,多除工墨,沮坏钞法,违者痛断。库官违纪,断罪除名。

[第四条]民户包银愿纳中统宝钞者,依旧上收四贯。愿纳至元宝钞,折收八百文。随处官司并仰收受,毋得阻当。其余差税内有折收者,依上施行。

[第五条]随处盐课,每引见卖官价钞二十贯。今后卖引,许用至元宝钞二贯、中统宝钞一十贯买盐一引,新旧中半,依理收受。愿纳至元宝钞四贯者听。

[第六条]诸道茶酒醋税、竹货丹粉锡碌诸色课程,如收至元宝钞,以一当五,愿纳中统宝钞者,并仰收受。

[第七条]系官并诸投下营运斡脱公私钱债,关借中统宝钞,若还至元宝钞,以一折五。愿还中统宝钞者,抵贯归还。出放斡脱钱债人员,即便收受,毋得阻滞。

[第八条]随路平准库官收差办课人等,如遇收支交易,务要听

从民便,不致迟滞。若有不依条画、乞取刁蹬、故行阻仰钞法者,取问是实,断罪除名。

[第九条]街市诸行铺户、興贩客旅人等,如用中统宝钞买卖诸物,止依旧价发卖,无得疑惑,陡添价直。其随时诸物减价者听。富商大贾高抬物价,取问是实,并行断罪。

[第十条]访问民间缺少零钞,难为贴兑。今颁行至元宝钞,自二贯至五文,凡一十一等,便民行用。

[第十一条]伪造通行宝钞者处死。首告者赏银五定,仍给犯人家产。

[第十二条]委各路总管并各处管民长官,上下半月计点平准钞库应有见在金银宝钞。若有移易借贷、私己买卖、营运利息,取问明白,申部呈省定罪。长官公出,次官承行。仰各道宣慰司、提刑按察司常切体察,如有看徇通同作弊,取问得实,与犯人一体治罪,却不得因而骚扰沮坏钞法。

[第十三条]应质典田宅并以宝钞为则,无得该写斛粟丝绵等物,低昂钞法。如违断罪。

[第十四条]随路提调官吏,并不得赴平准库收买金银,及多将昏钞倒换料钞。违者治罪。

条画颁行之后,仰行省、宣慰司、各路府州司县达鲁花赤、管民长官常切用心提调禁约，毋致违犯。若禁治不严，流转涩滞，亏损公私，其亲管司县官断罪解任，路府州官亦行究治。仍仰监察御史、按察司常切究察，如纠察不严，亦行治罪。[1]

译文

忽必烈至元二十四年（公元1287年），尚书省奏请圣旨，制定《至元宝钞通行条画》，内容如下：

第一条：至元宝钞一贯折合正统宝钞五贯，两种宝钞并行流通，公私收支一律通用。

第二条：依照颁行中统宝钞初期的办法，禁止百姓私自买卖金银，各路设立金银官库，收购销售金银，平抑宝钞价格。每花银一两，官库收购价格为至元宝钞二贯，官库销售价格为至元宝钞二贯五分[2]；白银与花银买卖价格一致。课银一定[3]，官库收购价格为至元宝钞二定，官库销售价格为至元宝钞一百零二贯五百文。赤金每两，官库收购价格为至元宝钞二十贯，官库销售价格为至元宝钞二十贯五百文。今后百姓私下买卖金银，各种人皆可告发，买

〔1〕《元典章》卷二十《户部六》，中华书局、天津古籍出版社2011年版，第715～717页。原文未标注条序。

〔2〕一贯为一千文，或一百分。

〔3〕一定即一锭，为五十贯，或五十两。

卖金银价值没收到官府,其中一半赏给告发人,并再罚犯人至元宝钞二定,一并赏给告发人。百姓私下买卖金银,价值银十两以下,金一两以下,处罚杖刑五十七下;价值银十两以上,金一两以上,处罚杖刑七十七下;银五十两以上,金十两以上,处罚杖刑九十七下。

第三条:百姓将旧损宝钞〔1〕拿到平准库兑换至元宝钞,五贯旧损宝钞兑换一贯至元宝钞,按照旧例支付工墨费,每贯支付工墨费三分。客旅买卖物品,希望轻便,需要用中统宝钞兑换至元宝钞时,五贯中统宝钞兑换一贯至元宝钞,按照实际数量兑换。各道宣慰司、按察司、总管府要时常切实监察,不要让有权势的人家包揽兑换,减少工墨费,搅乱钞法。对于违犯者,要严厉治罪;对于金银官库官员违犯纪律,要开除公职,依法治罪。

第四条:缴银的民户愿意缴纳中统宝钞者,依旧每两银折缴四贯〔2〕。愿意缴纳至元宝钞者,折缴八百文。各处官府应收宝钞,不得阻挠拒绝。其余税赋有折收宝钞者,照此办理。

第五条:各处盐税,目前每份盐引官方价格为二十贯中统宝钞。今后盐引价格,可以采用至元宝钞和中统宝钞各半,即至元宝钞二贯及中统宝钞十贯。愿意支付至元宝钞四贯者,也应允许。

---

〔1〕 这里指的应当是中统宝钞。此时至元宝钞刚刚发行,尚无旧损。

〔2〕 颁行中统宝钞初期,二贯宝钞当银一两。此时,中统宝钞已经贬值,四贯宝钞当银一两。

第六条：各道茶、酒、醋、竹制品、丹粉、锡碌等税赋，若收取至元宝钞，一贯当中统宝钞五贯，愿支付中统宝钞的，也应允许。

第七条：系官及管下运营斡脱[1]公私钱债，合同上借的是中统宝钞，如果偿还至元宝钞，一贯至元宝钞当五贯中统宝钞。借款人愿意偿还中统宝钞时，应按照约定的数额偿还，贷放斡脱钱的债权人应予接受，不得阻挠拒绝。

第八条：各路平准库办理税务的工作人员，在办理收支交易时，必须要方便百姓，不可延误。若有不按法规，索贿刁难，故意搅乱钞法者，问清事实，开除公职，依法治罪。

第九条：街市上的各行业商铺，以及行走的商贩旅客等，若使用中统宝钞买卖物品，应按旧价买卖，不得疑惑而哄抬物价。降低价格交易的允许。富商大贾抬高物价者，问清事实，依法治罪。

第十条：了解到市场上缺少小额宝钞，不便找零。现颁行至元宝钞十一等，自二贯至五文，方便百姓使用。

第十一条：伪造宝钞者处死，告发者赏银五锭，犯人家产也赏给告发者。

第十二条：委派各路总管及各处管民长官，每半月盘点平准库

---

〔1〕 斡脱：意思是合伙。元代出现了斡脱商人，朝廷对其有专门的管理规定。斡脱钱是指斡脱商人经营的高利贷钱。

库存金银宝钞。若有挪用借贷、私自买卖,营运牟利,问清事实,申报上级部门定罪。长官因公外出,次官要承担责任。请各道宣慰司、提刑按察司随时切实监察,若有包庇徇私舞弊的,问清事实,与犯人一同治罪,不得因而扰乱阻坏钞法。

第十三条:质典田地、房屋,要以宝钞计价交易,不得使用谷帛计价交易,贬低了宝钞的作用。违犯者,依法治罪。

第十四条:各路提调官员,不得到平准库收买金银,不得将旧损宝钞兑换新钞。违犯者,依法治罪。

本法律颁行之后,请各行省、宣慰司、各路府州司县的负责人、管民长官随时切实加强管理,勿使出现违犯情况。若管理不严,宝钞流转受阻,使得公私出现损失,地方司县官要追责罢官,依法治罪,路府州官也要追究责任,给予惩处。请监察御史、按察司随时切实监察,若监察不严,也要依法治罪。

六、《明史·食货五·钱钞》(节选)

原文

錢幣之興,自九府圜法,歷代遵用。鈔始於唐之飛錢,宋之交會,金之交鈔。元世始終用鈔,錢幾廢矣。

太祖初置寶源局於應天,鑄“大中通寶”錢,與歷代錢兼行。以四百文為一貫,四十文為一兩,四文為一錢。及平陳友諒,命江西行省置貨泉局,頒大中通寶錢,大小五等錢式。即位,頒“洪武通寶”錢,其制凡五等:曰“當十”、“當五”、“當三”、“當二”、“當一”。“當十”錢重一兩,餘遞降至重一錢止。各行省皆設寶泉局,與寶源局並鑄,而嚴私鑄之禁。洪武四年改鑄大中、洪武通寶大錢為小錢。初,寶源局錢鑄“京”字於背,後多不鑄,民間無“京”字者不行,故改鑄小錢以便之。尋令私鑄錢作廢銅送官,償以錢。是時有司責民出銅,民毀器皿輸官,頗以為苦。而商賈沿元之舊習用鈔,多不便用錢。

七年,帝乃設寶鈔提舉司。明年始詔中書省造大明寶鈔,命民間通行。以桑穰為料,其制方,高一尺,廣六寸,質青色,外為龍文花欄。橫題其額曰“大明通行寶鈔”。其內上兩旁,復為篆文八字,曰“大明寶鈔,天下通行”。中圖錢貫,十串為一貫。其下雲“中書省奏准印造大明寶鈔與銅錢通行使用,偽造者斬,告捕者賞銀二十五兩,仍給犯人財產。”若五百文則畫錢文為五串,餘如其制而遞減之。其等凡六:曰一貫,曰五百文、四百文、三百文、二百文、一百文。每鈔一貫,准錢千文,銀一兩;四貫准黃金一兩。禁民間不得以金銀物貨交易,違者罪之;以金銀易鈔者聽。遂罷寶源、寶泉局。越二年,復設寶泉局,鑄小錢與鈔兼行,百文以下止用錢。商稅兼收錢鈔,錢三鈔七。十三年,以鈔用久昏爛,立倒鈔法,令所在置行用庫,許軍民商賈以昏鈔納庫易新鈔,量收工墨直。會中書省廢,乃以造鈔屬户部,鑄錢屬工部,而改寶鈔文"中書省"為"户部",與舊鈔兼行。十六年,置户部寶鈔廣源庫、廣惠庫;入則廣源掌之,出則廣惠掌之。在外衛所軍士,月鹽皆給鈔,各鹽場給工本鈔。十八年,天下有司官祿米皆給鈔,二貫五百文准米一石。

二十二年詔更定錢式:生銅一斤,鑄小錢百六十,折二錢半之,"當三"至"當十",准是為差。更造小鈔,自十文至五十文。二十四年諭榷稅官吏,凡鈔有字貫可辨者,不問爛損,即收受解京,抑勒與偽充者罪之。二十五年設寶鈔行用庫於東市,凡三庫,各給鈔三萬錠為鈔本,倒收舊鈔送內府。令大明寶鈔與歷代錢兼行,鈔一貫准錢千文,提舉司於三月內印造,十月內止,所造鈔送內府充賞賚。明年罷行用庫,又罷寶泉局。時兩浙、江西、閩、廣民重錢輕鈔,有以錢百六十文折鈔一貫者,由是物價翔貴,而鈔法益壞不行。三十年乃更申交易用金銀之禁。[1]

---

〔1〕《明史·食货五·钱钞》,中华书局 1974 年版,第 1961 ~1963 页。

译文

钱币的兴起，从九府圜法开始，历代遵循使用。纸币开始于唐代的飞钱，宋代的交子和会子，金代的交钞。元代始终使用纸币，铜钱几乎被废弃。

明太祖朱元璋起初在应天设置宝源局，铸造"大中通宝"钱，与历代旧钱并行流通。以四百文为一贯，四十文为一两，四文为一钱。到了平定陈友谅的时候，朱元璋命令江西行省设置货泉局，颁行大中通宝钱，其样式分为大小五等。朱元璋即皇帝位，颁行"洪武通宝"钱，其形制也分五等："当十""当五""当三""当二""当一"。"当十"钱重量一两，其余依次下降到重量一钱为止。各行省都设置宝泉局，与宝源局同时铸钱，而严禁私人铸钱。洪武四年（公元 1371 年），明王朝将大中通宝大钱和洪武通宝大钱改铸为小钱。当初，宝源局的钱在钱背后铭文"京"字，后来多不铭文"京"字。民间对于没有"京"字的铜钱不予接受，所以朝廷改铸小钱以方便百姓使用。不久，朝廷命令将百姓私铸的钱作为废铜送交官府，官府支付给官铸铜钱。这时主管部门向百姓征收铜材，百姓销毁铜器向官府上缴铜材，以此感到十分苦恼。而商人沿袭元朝旧有习惯使用纸币，多不使用铜钱。

洪武七年（公元 1374 年），朱元璋诏令设置宝钞提举司。第二年,朱元璋命令中书省制造大明宝钞,令百姓通行使用。大明宝钞以桑树茎穰作原料,其形制:高一尺,宽六寸,质地青色,外面是龙纹花栏。钞面横题额文为“大明通行宝钞”。内面上两旁,又为篆文八个字:“大明宝钞,天下通行”。中间图画钱贯,十串为一贯。其下印有文字:“中书省奏准印造大明宝钞,与铜钱通行使用,伪造者斩,告捕者赏银二十五两,并给犯人财产。”如果是五百文的纸币,便画钱文为五串,其余按此规则依次减少。大明宝钞共分六等:一贯,五百文、四百文、三百文、二百文、一百文。大明宝钞每一贯,等同铜钱一千文,银一两;四贯等同黄金一两。禁止百姓用金银货物进行交易,违犯的处以罪罚;用金银交换纸币则可允许。于是罢除宝源、宝泉局。过了两年,明王朝又恢复设置宝泉局,铸造小钱,与大明宝钞并行流通,一百文以下只允许用铜钱。商税按比例兼收铜钱和大明宝钞,铜钱三分大明宝钞七分。洪武十三年(公元1380年),因为宝钞使用长久模糊破烂,便设立倒钞法,命令所在各地设置行用库,允许军民商人以模糊破烂的宝钞纳入库交换新钞,酌量收取工墨钱。适逢中书省被废除,便把造钞的事归属户部,铸钱事宜归属工部,而改动宝钞上的文字“中书省”为“户部”,与旧钞一并流通。洪武十六年(公元1383年),大明朝设置户部宝钞广源库、广惠库;宝钞纳入事宜由广源库职掌,宝钞调出事宜由广惠库职掌。在外地卫所的军士,按月拨盐都给宝钞,各盐场给予工本钞。洪武十八年(公元 1385 年),天下各部门官吏的俸禄米都折给宝钞,二贯五百文等同米一石。

洪武二十二年(公元 1389 年),朱元璋下诏修改铸钱规制:生铜一斤,铸小钱一百六十,铸折二钱八十,铸造"当三"至"当十"钱的数量,以此类推。又造小钞,从十文到五十文。洪武二十四年(公元 1391 年),训论征税官吏,凡宝钞贯文数字可以分辨的,无论破烂缺损,便收受解送到京城,压制和伪造冒充的处以罪罚。洪武二十五年(公元 1392 年),朝廷在东市设立宝钞行用库,一共三库,各自提供宝钞三万锭作为钞本,倒收旧钞送入内府。命令大明宝钞与历代旧钱并行流通,宝钞一贯等同铜钱一千文,提举司在三个月内印造,十个月内停止,所造宝钞送交内府充作赏赐。第二年,罢除行用库,又罢除宝泉局。当时两浙、江西、闽、广百姓重视铜钱轻视宝钞,有以铜钱一百六十文折合宝钞一贯的,因此物价上涨,而钞法更加败坏。洪武三十年(公元 1398 年),朝廷重申禁止使用金银进行商品交易。

图书在版编目(CIP)数据

中国古代货币法二十讲 / 石俊志著. -- 北京 : 法律出版社, 2018

ISBN 978-7-5197-2463-4

Ⅰ. ①中… Ⅱ. ①石… Ⅲ. ①货币法-法制史-中国-古代 Ⅳ. ①D922.285.2

中国版本图书馆 CIP 数据核字(2018)第 157805 号

中国古代货币法二十讲
ZHONGGUO GUDAI HUOBIFA ERSHIJIANG

石俊志 著

策划编辑 刘文科
责任编辑 刘文科
装帧设计 李 瞻

出版 法律出版社
总发行 中国法律图书有限公司
经销 新华书店
印刷 北京虎彩文化传播有限公司
责任校对 马 丽
责任印制 张建伟

编辑统筹 法研工作室
开本 A5
印张 5.875
字数 105 千
版本 2018 年 7 月第 1 版
印次 2018 年 7 月第 1 次印刷

法律出版社/北京市丰台区莲花池西里 7 号(100073)
网址/www.lawpress.com.cn
投稿邮箱/liuwenke0467@sina.com
举报维权邮箱/jbwq@lawpress.com.cn
销售热线/010-63939792
咨询电话/010-63939796

中国法律图书有限公司/北京市丰台区莲花池西里 7 号(100073)
全国各地中法图分、子公司销售电话:
统一销售客服/400-660-6393
第一法律书店/010-63939781/9782 西安分公司/029-85330678 重庆分公司/023-67453036
上海分公司/021-62071639/1636 深圳分公司/0755-83072995

书号:ISBN 978-7-5197-2463-4 **定价**:55.00 元
(如有缺页或倒装,中国法律图书有限公司负责退换)